PRISÃO EM SEGUNDO GRAU, UMA ANÁLISE SOBRE A CONSTITUCIONALIDADE

Sumário

1. Introdução

Dentro do contexto do processo penal, o cumprimento antecipado da pena sem sombra de dúvidas é o mais relevante não só ao mundo jurídico como a sociedade em geral, em um grau abstrato envolve paixões políticas e de opinião, porém, em dentro do mundo jurídico trata-se de uma temática que diverge opiniões principalmente do supremo tribunal que teve por vários anos opiniões diversas sobre o assunto.

Nesse estudo iremos analisar ambos os argumentos, tanto favoráveis como contrários ao cumprimento antecipado da pena de prisão, analisando o que de melhor se pode tirar de cada uma das interpretações, passando primeiro por um histórico recente dos julgamentos do Supremo Tribunal Federal e como cada um decidiu o tema, depois será necessário analisar modos de solucionar o conflito entre normas, seja elas norma-princípio ou norma-regra, após, analisamos os tipos de prisões incidentes em nosso ordenamento, dando ênfase na distinção entre prisão preventiva e a prisão definitiva executada após acordão de segundo grau. No capítulo seguinte iremos trabalhar com um estudo de direito comparado, analisando não só se outros países adotam ou não o cumprimento de pena após acordão de 2° grau, mas analisar o comportamento do sistema processual penal reconhecendo as diferenças e similaridade entre os Estados, e em especial, casos ou influências que determinaram aspectos significativos no ordenamento alienígena.

Por fim, concluiremos o trabalho relembrando todos os pontos trabalhando e analisando o mérito destes, a fim de concluir quais das interpretações possuem aspectos que preponderam sobre a outra, sendo que, tratando-se de tema amplamente discutido e com várias mudanças jurisprudenciais não podemos determinar como absoluto.

2. Dos julgamentos recentes

Sobre o tema, a jurisprudência, se é que se pode chamar assim, sempre se alterou e dividiu entendimentos dentro do próprio supremo, o tema que até 2009 entendia que cumprimento de pena antecipado era plenamente possível, veio se alterando durante os anos. Na época quando o Supremo Tribunal Federal, analisou o HC 84.078/MG[1], cujo, o paciente, Sr. Omar Coelho, havia sido condenado a pena de 7 anos e 6 meses de reclusão pela prática do crime de homicídio tentado, o Ministério Público de Minas Gerais requereu a prisão preventiva do Réu que foi concedida. Diante a expedição do mandado, o paciente ingressou com Habeas Corpus no STF alegando que ainda estava pendente de julgamento seu Recurso Especial, no entanto, ao realizar o julgamento o relator Ministro Eros Grau votou pela concessão do remédio constitucional e teve o apoio dos Ministros Celso de Mello, Cezar Peluso, Carlos Ayres, Ricardo Lewandoviski, Gilmar Mendes e Marcos Aurélio, sendo vencidos os Ministros Menezes Direito, Cármem Lúcia, Joaquim Barbosa e Ellen Gracie.

A tese vencedora firmou o entendimento de que a prisão após acordão do tribunal de justiça violava o contido no Art. 5º LVII da CF/88 (presunção de inocência) e, portanto, o mandado de prisão contra o paciente seria indevido. Contrária a tese da maioria, ficaram as alegações de que a questão de fato só é discutida nos recursos ordinários, não sendo levada aos tribunais superiores, bem como, inexiste efeito suspensivo nos recursos especiais e extraordinário, invocando ainda direitos internacionais, ao dizer que o pacto de San José da Costa Rica não proíbe que o acusado responda ao processo preso, e que outros países adotam a mesma sistemática.

O posicionamento do Supremo se manteve rígido até que em fevereiro de 2016 foi julgado o HC 126.292/SP[2], desta vez pela relatoria do Ministro Teori Zavascki, acompanharam o relator votando pela possibilidade da execução antecipada os Ministros Edson Fachin, Barroso, Dias Toffoli, Luiz Fux, Cármen Lúcia e Gilmar Mendes. Em tal julgamento novamente era discutido o conflito entre a presunção de inocência constitucional e a efetivação do processo legal, sendo culminado no entendimento de que

---

[1] https://www.conjur.com.br/2009-fev-05/prisao-feita-processo-transitado-julgado-stf

[2]https://www.migalhas.com.br/Quentes/17,MI234107,51045-JULGAMENTO+HISTORICO+STF+muda+jurisprudencia+e+permite+prisao+a

a presunção de inocência é aplicável apenas dentro do duplo grau de jurisdição, sendo que, ao ter o julgamento pelo órgão colegiado de segundo grau, temos uma inversão do princípio diante da inexistência de efeito suspensivo dos recursos extraordinários.

Em termos simples, quando verificamos a definição de duplo grau de jurisdição temos a definição da Convenção Americana de Direitos conhecido como pacto de San José da Costa Rica que em seu artigo 8º, 2, "h", prevê de forma expressa:

> "(...)Durante o processo, toda pessoa tem direito, em plena igualdade, às seguintes garantias mínimas: direito de recorrer da sentença para juiz ou tribunal superior."

Tal princípio se reveste com norma internacional de direitos humanos que não foi votada pelo quórum das emendas a constituição, ou seja, é dotado de força inferior as normas constitucionais e superior as leis vigentes.

A ideia do duplo grau de jurisdição é a condição de que o Réu tenha reexaminado o seu direito, de forma direta, em uma sociedade que não reconheça tal direito estaríamos em um retrocesso a época dos monarcas.

Novamente em outubro de 2016[3] o tema voltou aos embates do maior tribunal do Brasil onde o ministro Dias Toffoli mudou seu entendimento para ser possível a prisão apenas após o trânsito em julgado da ação penal, o plenário indeferiu duas mediadas cautelares nas ações diretas de constitucionalidade 43 e 44, desta vez por 6 a 5.

Um mês após os julgamentos das ADC, o Supremo foi instado a se manifestar novamente sobre o tema no agravo em recurso especial 964.246[4], onde por 6 votos a 4 ficou reafirmada a jurisprudência, sendo reconhecida a repercussão geral sobre o assunto. Cerca de 2 anos após, insurgiu a corte novamente a rediscussão da matéria, podendo dizer que desta vez os interesses da decisão do Supremo transcreveram a mera discussão penal, tendo em face que no HC 152.752[5] foi discutido a possibilidade do cumprimento antecipado de pena do Ex-Presidente Luiz Inácio Lula da Silva, sendo que, por mais que as questões políticas e de opiniões trouxeram interpretações parciais sobre o tema, tais

---

[3]https://www.migalhas.com.br/Quentes/17,MI246876,11049-STF+mantem+posicionamento+para+permitir+prisao+apos+condenacao+em+2

[4]https://www.migalhas.com.br/Quentes/17,MI248566,61044-STF+confirma+prisao+apos+2+instancia+em+processo+com+repercussao+geral

[5]https://www.migalhas.com.br/Quentes/17,MI277762,51045-STF+nega+pedido+de+Lula+para+evitar+prisao

aspectos não interessam, ou ao menos, não deviam interessar a conclusão sobre o assunto. No entanto, é inegável que por se tratar da possibilidade de prisão de um cidadão que exerceu o mais alto cargo político do país trouxe uma repercussão em massa nunca antes vista na apreciação de uma demanda judicial, tais fatos, aliados a dissipação da informação em massa por meio da rede mundial de computadores fez com que até hoje o tema seja amplamente debatido e dívida as opiniões de diversos estudiosos e até mesmo de pessoas alienígenas ao direito.

No mérito o julgamento contava com uma nova mudança de entendimento o Ministro Gilmar Mendes que era favorável ao cumprimento antecipado da pena nas ultimas decisões, dessa vez, teria revisto seu entendimento e efetivamente votou no sentido de conceder o Habeas Corpus ao paciente, o que levava a crer que a maioria de votos seria contraria ao cumprimento antecipado, com tudo, a Ministra Rosa Weber votou pela não concessão, sendo que, em que pese o voto contrário, seu entendimento sobre a prevalência da presunção da inocência não mudou, apenas, relatou que ao formar um precedente pela corte não pode ela na condição de parte de um colegiado ir contra a posição da maioria, sendo assim, por mais que o entendimento pessoal fosse diferente, em respeito a uniformidade jurisprudencial e do colegiado deveria votar no sentido da não concessão do Remédio Constitucional.

Tal decisão da ministra foi indevidamente atacada não só pela grande mídia, mas também pelos próprios operadores do direito que em uma visão turva pela parcialidade começaram a proferir críticas destrutivas ao posicionamento da Ministra. Ocorre que a Ministra Rosa Weber apenas aplicou a jurisprudência da corte a um caso concreto, sendo que, só poderia julgar de forma diversa se houvesse uma guinada de entendimento dentro de uma ação abstrata poderia aplicar a um julgamento específico.

Coerente com a fundamentação da posição recentemente ao analisar as ações declaratórias de constitucionalidade mudou seu voto sob a fundamentação de que ao exercer o controle de constitucionalidade concentrado não teria a restrição da jurisprudência da casa, isso porque, é exatamente nesse momento que se firma o costume judiciário, de resto todos os outros ministros mantiveram suas posições alterando o entendimento pela impossibilidade por um voto de divergência.

Diante dessa breve análise jurisprudencial, resta claro que o tema divide a corte a anos, 3 ministros alternaram seus entendimentos com o decorrer dos anos, são eles os Ministros Gilmar Mendes, Rosa Weber[6] e Dias Toffili, que votaram diferente em seus entendimentos no decorrer dos julgamentos citados, ainda, um meio termo chegou a ser discutido entre tais julgamentos, onde a prisão antecipada seria permitida após o julgamento do Recurso Especial pelo STJ. Em que pese as respostas dadas pela Corte Suprema, percebe-se inseguranças no sentido de não existir uma decisão definitiva e a qualquer momento houver uma nova mudança de entendimento. Importa dizer que o Ministro Celso de Mello inclusive está próximo de completar seus setenta e cinco anos, o que significa uma mudança na composição da corte, sendo que, é de conhecimento público que o presidente em exercício tem grande apresso com o atual Ministro da Justiça, que é declaradamente a favor do cumprimento antecipado, logo, embora julgada as ADC's ainda não podemos afirmar com certeza que está decisão será duradora, podendo haver nova mudança de entendimento.

Para melhor elucidar, segue tabela dos julgamentos e da forma que votaram os atuais ministros do Supremo.

Ministros	Fev. 16	Out. 16	Nov. 16	Abr. 18	Abr. 18
Celso de Mello	Contra	Contra	Contra	Contra	Contra
Marco Aurélio	Contra	Contra	Contra	Contra	Contra
Gilmar Mendes	A favor	A favor	A favor	Contra	Contra
Lewandowski	Contra	Contra	Contra	Contra	Contra
Cármem Lúcia	A favor	A favor	A favor	A favor	A favor
Dias Toffili	A favor	Contra	Contra	Contra	Contra
Luiz Fux	A favor	A favor	A favor	A favor	A favor
Rosa Weber	Contra	Contra	Ausente	A favor	Contra
Luís Roberto Barroso	A favor	A favor	A favor	A favor	A favor

[6] Ressalta-se que a Ministra Rosa não teve propriamente mudança de entendimento, apenas segundo a ideologia da juíza ao analisar o Habeas Corpus não poderia ela decidir contrário ao que foi consolidado no Supremo, valorizando o precedente sobre seu próprio entendimento.

Edson Fachin	A favor	A favor	A favor	A favor	A favor
Alexandre de Moraes				A favor	A favor

No âmbito legislativo, em cessão a Comissão de Cidadania e Justiça do Senado o Ministro Sergio Mouro declarou que no seu projeto de anticrime teria a redação de que após proferir acordão condenatório o tribunal determinará a execução provisória da pena, criando em sede de legislação infraconstitucional uma nova norma que diverge do que temos no Art. 283 do CP que em suma cópia o texto constitucional do Art. 5° LVII, porém, substitui a palavra culpado pela palavra preso. Do mesmo norte, corre no congresso nacional ao projeto de emenda a constituição de número 410/2018 pensada pelo senador Oriovisto de Guimarães adicionaria um inciso ao Art. 93 da CF[7], importa porém, que para os que endentem que o cumprimento antecipado é derivada da definição de culpa, tal emenda a constituição seria restritiva de direitos e por tal, violaria o contido no Art. 60§ 4° da CF/88[8] vez que suprimiria o direito dos Réus em serem presos apenas ao final do transito em julgado.

Visto isso, esse trabalho objetiva analisar ambos os lados, explorando os argumentos a favor e contrário ao cumprimento antecipado da prisão

3. Conflito entre princípios

Antes de adentrar a problemática em questão, importa definir a diferença entre regras e princípios e como solucionar eventuais combates entre eles.

Possuímos hoje um entendimento pacificado no sentido de que as normas jurídicas se dividem em norma regra e norma princípio, a diferenciação entre eles se dá em face a amplitude da aplicabilidade, enquanto o princípio configura-se como uma norma que deva ser executada da forma mais ampla possível, sendo como limite o espaço

---

[7] "O acordão criminal condenatório proferido ou confirmado por órgão colegiado deve ser executado imediatamente após o julgamento dos recursos ordinários cabíveis".

[8] Art. 60. A Constituição poderá ser emendada mediante proposta: § 4° Não será objeto de deliberação a proposta de emenda tendente a abolir(...) IV - os direitos e garantias individuais.

da possibilidade jurídica, a regra possui uma aplicação restrita, sendo que, seu conteúdo ou quando correspondente ao fato jurídico ou é cumprido ou é descumprido, sem poder falar de dilação ou compreensão da sua carga normativa, trata-se segundo Alexy[9] de que regras seriam determinações, enquanto, princípios seriam mandamentos de otimização.

Nesse aspecto, face a grande produção legislativa em nosso país, não raras vezes é possível perceber a presença de antinomias[10], quando tratado sobre a norma regra a resposta é fácil, uma deve existir com sua força máxima ao sacrifício da norma contrária, é o que Dworking definiu como *all-or-nothing*[11], Humberto Ávila (2005, p 28), definiu:

> "Para ele as regras são aplicadas ao modo tudo ou nada (all-or-nothing), no sentido de que, se a hipótese de incidência de uma regra é preenchida, ou é a regra válida e a conseqüência normativa deve ser aceita, ou ela não é considerada válida. No caso de colisão entre regras, uma delas deve ser considerada inválida"[12].

Afim de definir qual regra se sobressaí a outra adota-se três critérios, o primeiro, seria o hierárquico onde uma regra superior anula uma regra inferior, ressalta-se que caso o conflito seja meramente parcial, ou seja, a norma inferior apenas limite a superior, é possível a harmonização das normas, nesse sentido Kelsen (1999, p. 146):

> "Entre uma norma de escalão superior e uma norma de escalão inferior, quer dizer, entre uma norma que determina a criação de uma outra e essa outra, não pode existir qualquer conflito, pois a norma do escalão inferior tem o seu fundamento de validade na norma do escalão superior. Se uma norma do escalão inferior é considerada como

---

[9] ALEXY, Robert. Teoria dos Direitos Fundamentais, tradução por DA SILVA, Virgílio Afonso. São Paulo: Acqua Estúdio Gráfico Ltda, 2008

[10] Antinomias: Quando duas normas versam sobre aspectos diferentes e conflitantes cria-se a necessidade de uma prevalecer sobre a outra, porém, o ordenamento jurídico como um todo não pode possuir normas válidas sem eficácia, por isso, entende-se que não existe um conflito propriamente dito, mas sim apenas a aparência de um conflito de normas que deve ser solucionado pelo interprete.

[11] All-or-nothing é um temo jurídico que em sua tradução significa tudo ou nada, sendo que, ou uma regra é aplicada em sua plenitude ou é sucumbida face a determinação em contrário de outra regra.

[12] ÁVILA, Humberto. Teoria dos Princípios. Da definição à aplicação dos princípios jurídicos. 4 ed. São Paulo: Malheiros, 2005.

> válida, tem de se considerar como estando em harmonia com uma norma do escalão superior.[13]

O segundo critério seria o trazido em lei onde a norma posterior revoga a norma anterior[14] e por fim, o critério da especialidade, onde a norma especial prevalece sobre a geral. De forma mais complexa a norma pode não ser resolvida com apenas um critério, podendo uma regra ser de conteúdo mais recente do que a outra, porém, ao mesmo tempo ser de hierarquia inferior, caso em que o critério da hierarquia tem maior força do que o da antiguidade.

Tratando-se de norma regra, a solução do conflito parece fácil, vez que, utilizando-se de critérios objetivos como hierarquia, especialidade e temporalidade seria possível determinar qual sobressaí sobre a outra, e de uma forma objetiva, igual facilidade seria encontrada em um conflito entre regra e princípio onde o princípio sobressaí sobre a regra, entende-se de que o que o princípio peca em concretude ele ganha em força normativa, o problema está quando o confronto se dá entre normas princípios.

Os princípios diferente das regras possuem características que tornam sua aplicabilidade um ato vinculado, o qual deve ser observado sob pena de desafiar todo o ordenamento jurídico, na teoria de Fachin 2012[15] são características dos princípios a universalidade, inalienabilidade, imprescritibilidade, indivisibilidade, e a complementaridade, entre outros, logo, ignorar um princípio se tornaria uma aberração jurídica, já que ter uma eficácia é elementar de ser um princípio, sendo assim, diferente das regras em que uma prevalece sobre a outra, não poderia um princípio prevalecer sobre outro, segundo o doutrinador espanhol Francisco Balaguer Callejón os princípios seriam complementares "porque se apoiam uns nos outros; não são compartimentos estanques, mas se inter-relacionam mutuamente, de tal forma que o desfrute de um deles pressupõem o desfrute de outro"[16]. Logo, o aparente conflito entre princípios não pode dar margem a extinção dos efeitos de um, mas sim, cabe ao interprete sobrepesar os fatos e aplicar ambos, mesmo que um em maior incidência do que o outro, Alexy 2008 diz que quando

---

[13] Kelsen, Hans. Teoria Pura do direito, tradução por Machado, João Batista. São Paulo: Livraria Martins Fontes Editora Ltda, 1999

[14] Decreto Lei 4.657/42 Art. 2º Não se destinando à vigência temporária, a lei terá vigor até que outra a modifique ou revogue.
§ 1º A lei posterior revoga a anterior quando expressamente o declare, quando seja com ela incompatível ou quando regule inteiramente a matéria de que tratava a lei anterior

[15] FACHIN, Zulmar. Curso de Direito Constitucional.5ª edição. Rio de Janeiro: Editora Forense, 2012.

[16] CALLEJÓN, Francisco Balaguer. *Derecho Constitucional.* Madrid: Tecnos, 1999, p.37.

duas normas ao serem analisadas isoladamente levarem a conclusões opostas configura-se um aparente conflito entre normas princípios, a chamada antinomia jurídica, sendo que, ao contrário das regras nenhuma deve sucumbir, torna-se invalida, mas sim ser feito um exame de ponderação entre as normas afim de definir qual deve se sobrepor a outra, sem contudo, afastar integralmente a proteção da norma cedente.

Na mesma obra, Alexy 2008 traz um estudo sobre um caso específico julgado pelo tribunal alemão, em que, um preso teria requerido a tutela estatal afim de que determinado canal não exibisse documentário onde narrava a empreitada criminosa que culminou na sua condenação, segundo a representação do sentenciado, a exibição nominal no programa aplicava dificuldades na ressocialização do detento, o julgamento se deu com a configuração de três etapas, primeiro, estipulou-se um aparente conflito entre normas, de um lado o direito do réu ao esquecimento, a ressocialização, de outro, o direito de liberdade de imprensa e da informação, definido o conflito, na segunda etapa o tribunal entendeu pela ponderação do direito à informação, porém, tal sobrepesar do direito à informação não seria absoluto, sendo que, no caso específico, tratando-se de uma situação antiga, em que o apenado já havia cumprido sua pena, ou seja, em que pese uma aparente preferência a um princípio, nesse caso em específico, tal preferência é invertida por situações atípicas ao fato comum, nas palavras de Alexy (2008, p. 101-102):

> A decisão ocorre na terceira etapa. Nela, o tribunal constata que, no caso da "repetição do noticiário televisivo sobre um grave crime, não mais revestido de um interesse atual pela informação", que "coloca em risco a ressocialização do autor" (C2), a proteção da personalidade (P1) tem precedência sobre a liberdade de informar (P2), o que, no caso em questão, significa a proibição da veiculação da notícia."° Nesse sentido, vale o enunciado de preferência (P1 P P2) C,. e, é composto por quatro condições (repetição/ausência de interesse atual pela informação/grave crime/risco à ressocialização). A regra C2 --7 R, que corresponde ao enunciado de preferência, é uma regra com quatro atributos de suporte fático, com a seguinte estrutura: (6) T1 e T2 e T3 e T4 --7 R.

> Ou seja: uma notícia repetida (T1), não revestida de interesse atual pela informação (T2), sobre um grave crime (T3), e que põe em risco a ressocialização do autor (T4), é proibida do ponto de vista dos direitos fundamentais[17]

Trazendo tais definições ao objeto deste trabalho, tem-se o conflito entre dois princípios, a presunção de inocência e a efetividade da justiça, tendo como acessórios a discussão o duplo grau de jurisdição, a razoável duração do processo os efeitos suspensivos em recursos extraordinários e um estudo comparado com outros Estados. Utilizando-se da teoria da ponderação se faz necessário compreender a fundo tais normas conflitantes afim de poder sobrepesar uma contra as outras e definir o que deveria prevalecer.

4. Princípio da Efetividade da Justiça

A efetividade da justiça mais do que mero princípio é uma condição do estado social, isso porque, em sua natureza, o homem é o único titular de seus direitos, sendo que diante de uma ameaça ou de um dano cabe ao próprio a resguarda de suas garantias, sendo o único julgador e executor da causa. No entanto, é de conhecimento comum que o ser humano não consegue viver em isolamento, possuindo a vil necessidade de viver em sociedade. A sociedade do homem se instituir pelo que Rousseau [18] descreveu como o contrato social, onde o ser humano abre mão de impor seus direitos individuais afim de conquistar a chamada liberdade social, adequando ao mundo jurídico, tem-se a afirmação de que a pessoa humana abre mão do seu direito sancionador e julgador em detrimento do Estado, que em contrapartida se obriga a garantir e tutelar seus direitos, sendo estes, oponíveis não só a todo o colegiado social como também ao próprio estado, sendo que, só pode haver a efetivação do contrato social quando existir harmonização entre os interesses da coletividade, a proteção aos direitos e garantias individuais e a efetiva atuação estatal. Dentro da égide criminal tem-se o melhor exemplo da efetivação do contrato social, isso porque, em regra, tem-se em um dos polo o acusado, que em tese cometeu um ato que infringiu a norma social, no entanto, entende-se que do outro lado

[17] ALEXY, Robert. Teoria dos Direitos Fundamentais, tradução por DA SILVA, Virgílio Afonso. São Paulo: Acqua Estúdio Gráfico Ltda, 2008.

[18] JEAN-JAQUE, Rousseau. Do Contrato Social, tradução por DA SILVA, Rolando Roque. Edição eletrônica: Fonte Digital, 2001.

não pondera-se a vítima que seria apenas vista como um sujeito passivo imediato, vez que titular do bem jurídico agredido, no entanto, ressalvados os casos de ação privada, não é capaz de exercer seu direito, isso porque, o titular exclusivo do poder de punir, sendo considerado para tanto como sujeito passivo mediato.

O processo criminal explora o máximo da elasticidade do contrato social, de um lado tem-se a proteção aos direitos e garantias do Réu, que embora acusado, e até mesmo caso condenado, possuí direitos fundamentais, e em especial, a dignidade da pessoa humana que como fundamento da república não pode ser relativizado em nenhum aspecto, de outro lado temos a vítima, os familiares da vítima e a sociedade que esperam que exista uma resposta para o crime cometido, afinal, ao abster do direito de punir em detrimento do Estado, espera-se deste uma contrapartida, qual seja, a persecução penal e a pena em definitivo. A efetividade da jurisdição criminal tutela não só uma obrigação estatal na proteção dos direitos e garantias individuais e coletivos, mas também, justifica sua existência, afinal, qual serventia de construir um sistema com inúmeros servidores, magistrados e estabelecimentos físicos se não para prestar um serviço público essencial, a existência do estado juiz é fundada na necessidade de se dar uma resposta jurídica a um fato, é a aplicação concreta do *ius puniendi*[19] do Estado, e é justamente esse objetivo basilar que os defensores do cumprimento antecipado da pena preceituam, em síntese, de que serve o direito penal se não para punir aquele que cometeu um ilícito penal seja esse um crime ou uma contravenção, não o fazendo no sentido de realizar uma vingança pessoal da vítima ou sua família, ou então de meramente punir o agressor para que não mais venha cometer delitos, enquanto ao mesmo tempo pressupõe a ideia de impedir que outros venham a cometer o mesmo crime por meio de um terror impositivo de que se vier a realizar o ilícito penal também será punido. A ótica moderna define-se pela análise constitucional do direito penal, que segundo Aury Lopes JR.[20] trata-se de um instrumento de efetivação das garantias constitucionais, que define em sua obra (2017, p. 33):

> O processo não pode mais ser visto como um simples instrumento a serviço do poder punitivo (direito penal),

[19] Lima, Renato Brasileiro de. Manual de Processo Penal. 4ª edição. Salvador: Editora Jus Podivm, 2016. P. 71: No entanto, a partir do momento em que alguém pratica a conduta delituosa prevista no tipo penal, este direito de punir desce do plano abstrato e se transforma no jus puniendi in concreto. O Estado, que até então tinha um poder abstrato, genérico e impessoal, passa a ter uma pretensão concreta de punir o suposto autor do fato delituoso.

[20] Lopes Junior, Aury. Fundamentos Do Processo Penal, Introdução Crítica. 3ª edição. São Paulo: Saraiva, 2017.

> senão que desempenha o papel de limitador do poder e garantidor do indivíduo a ele submetido. Há que se compreender que o respeito às garantias fundamentais não se confunde com impunidade, e jamais se defendeu isso. O processo penal é um caminho necessário para chegar-se, legitimamente, à pena. Daí por que somente se admite sua existência quando ao longo desse caminho forem rigorosamente observadas as regras e garantias constitucionalmente asseguradas (as regras do devido processo legal).

Em sua outra obra, Aury Lopes Jr (2016, p. 21)[21] traz a ideia do processo penal como instrumento necessário, razão pela qual adota-se a denominação de princípio da necessidade:

> Existe uma íntima relação e interação entre a história das penas e o nascimento do processo penal, na medida em que o processo penal é um caminho necessário para alcançar-se a pena e, principalmente, um caminho que condiciona o exercício do poder de penar (essência do poder punitivo) à estrita observância de uma série de regras que compõe o devido processo penal (ou, se preferirem, são as regras do jogo, se pensarmos no célebre trabalho Il processo come giuoco de CALAMANDREI1). Esse é o núcleo conceitual do "Princípio da Necessidade".

Em seu texto base para proferir o voto oral da analisar do mérito das ações declaratórias de constitucionalidades já citadas, o Ministro Luís Roberto Barroso[22] trouxe no corpo de sua fundamentação a ideia de que a eficiência jurisdicional é vista como critério determinante a definir qual interpretação jurídica da norma é a mais adequada, no entendimento do ministro do STF, o qual é evidentemente inspirado pela teoria da moldura de Kelsen, entende-se que a interpretação do direito não pode ser feita exclusivamente com base na interpretação gramática do texto, isso porque, a norma

---

[21] Lopes Junior, Aury. Direito Processual Penal. 13ª edição. São Paulo: Saraiva, 2016.
[22] Disponível em https://www.conjur.com.br/dl/leia-voto-ministro-barroso-execucao.pdf 28 de outubro de 2019.

possuí espirito próprio e demonstra reflexos reais, uma norma morta de nada vale, sendo que ao utilizar da hermenêutica jurídica o interprete da norma deve amolda-la ao melhor impacto social, devendo escolher a que de produzir efeitos mais relevantes e mais importantes para a sociedade, expressando em seu tópico 8:

> A realidade é parte da normatividade do Direito. Essa é uma constatação que se tornou dominante em todo o mundo. Os textos oferecem um ponto de partida para a interpretação e demarca as possibilidades de sentido da norma. Na terminologia tradicional, fornecem a moldura dentro da qual o intérprete poderá fazer escolhas legítimas. Não escolhas livres: dentro das possibilidades de sentido de uma norma, o intérprete deverá escolher a melhor. Não as de sua preferência pessoal, mas a que mais adequadamente realize os valores constitucionais e o interesse da sociedade. Observe-se que respeitar os direitos fundamentais com proporcionalidade faz parte do interesse da sociedade. Não são coisas antagônicas.

Embora não tenha expressado fundamentalmente o conflito de princípios, a ideia expressada pelo Ministro do STF consiste que dentro da moldura de interpretação da norma poderíamos ter a conclusão de que prevalece o princípio da presunção de inocência no sentido de proibir a execução antecipada da pena ou poderia se ter a conclusão de que em face da eficácia da jurisdição penal deveríamos acolher o cumprimento antecipado, porém, segundo Barroso, ao analisar os efeitos na sociedade, tem-se que a posição contrária à atual permite a efetividade da persecução penal, enquanto a favorável, permite uma interposição infindável de recursos sobre recursos, os quais, levam a prescrição da pena após anos de discussões judiciárias, ou ainda quando condenados, carregam na sociedade pelos anos que duram o processo a sensação de impotência e impunidade, alega ainda, que apenas os mais ricos tem condições econômicas de manter essa empreitada.

De toda forma, como exposto no capitulo anterior, ao analisarmos a teoria da ponderação de princípios de Alexey, não temos a capacidade de utilizarmos de um princípio e ignorarmos outro, sendo que, ao defender a ideia da prevalência do princípio da eficiência da jurisdição deve-se obrigatoriamente, mesmo que de forma mitigada aplicar a presunção de inocência, nessa esfera, tem-se a ideia dos limites do duplo grau de jurisdição que serão trabalhados no próximo capitulo.

5. Limites ao duplo grau de jurisdição.

A transferência do poder de punir e consequentemente o de julgar ao Estado legitima a existência do juízo penal, sendo que, como todos sabemos em primeiro grau é decidido pelo Magistrado[23], ocorre que, entende-se que, por mais conhecimento que o juiz de primeiro grau possua, o que é inegável diante da forma de proveito ao cargo, ainda trata-se de uma pessoa sujeito a erro, interpretações focada em preferências pessoais e qualquer outra condição que possa macular a decisão judicial, por essa razão, existe-se a possibilidade de que aquele que não concorde com o proferido ingresse em sede recursal para que se revise a decisão de primeiro grau, essa possibilidade é a chamada de duplo grau de jurisdição, tal princípio é implícito na Constituição Federal [24] ao declarar o poder do STF em reformar decisões, sobre o tema Nucci (2015, p.51.):[25]

> Ora, se uma pessoa condenada na Justiça Federal de primeiro grau por delito político tem o direito constitucional de recorrer ordinariamente ao STF, por que outros, réus não teriam o mesmo direito? Assim a garantia do duplo grau de

---

[23] A legislação pátria permite que determinados servidores públicos em razão da função que exercem não podem ser julgado em primeiro grau, sendo que é criada a prerrogativa de foro pela qual o agente seria julgado diretamente no segundo grau ou nos tribunais superiores, razão pela qual não se poderia falar a esses que tem direito ao duplo grau de jurisdição.

[24] Art. 102. Compete ao Supremo Tribunal Federal, precipuamente, a guarda da Constituição, cabendo-lhe (...) i) o ***habeas corpus***, quando o coator for Tribunal Superior ou quando o coator ou o paciente for autoridade ou funcionário cujos atos estejam sujeitos diretamente à jurisdição do Supremo Tribunal Federal, ou se trate de crime sujeito à mesma jurisdição em uma única instância(...)
II - julgar, em recurso ordinário:
a) o *habeas corpus* , o mandado de segurança, o *habeas data* e o mandado de injunção decididos em única instância pelos Tribunais Superiores, se denegatória a decisão;
b) o crime político;
III - julgar, mediante recurso extraordinário, as causas decididas em única ou última instância, quando a decisão recorrida:
a) contrariar dispositivo desta Constituição;
b) declarar a inconstitucionalidade de tratado ou lei federal;
c) julgar válida lei ou ato de governo local contestado em face desta Constituição.
d) julgar válida lei local contestada em face de lei federal.

[25] Nucci, Guilherme de Souza. Manual de Processo Penal e Execução Penal, 12ª edição. Rio de Janeiro. Editora Forense, 2015.

> jurisdição é, sem dúvida, princípio básico do no processo penal.

O duplo grau de jurisdição é um princípio não expresso na constituição, porém, conforme demonstrado supra emana força em dispositivos, razão pela qual, em regra traria como princípio não explícito, ocorre que, ao decorrer de sua lição Nucci traz que na realidade o princípio ao duplo grau de jurisdição encontra-se de maneira expressa no código de San José da Costa Rica[26] e que, tal código fora recepcionado com força supralegal, isso porque em que pese ser um tratado internacional de direitos humanos não passou pela votação das casas para poder entrar com força constitucional, estando em um intermédio entre a constituição e as normas infraconstitucionais, na mesma linha as lições de Aury Lopes Jr. p.512[27]:

> O princípio do duplo grau de jurisdição traz, na sua essência, o direito fundamental de o prejudicado pela decisão poder submeter o caso penal a outro órgão jurisdicional, hierarquicamente superior na estrutura da administração da justiça. Além de garantir a revisão da decisão de primeiro grau, também compreende a proibição de que o tribunal ad quem conheça além daquilo que foi discutido em primeiro grau, ou seja, é um impedimento à supressão de instância. Ainda que existam algumas bem-intencionadas tentativas de extraí-lo de outros princípios da Constituição (como o direito de defesa e o próprio devido processo), não foi o duplo grau expressamente consagrado pela Carta de 1988. Mas essa discussão perdeu muito do seu fundamento com o art. 8.2, letra "h", da Convenção Americana de Direitos Humanos, que expressamente assegura o direito de recorrer da sentença para juiz ou tribunal superior. Os direitos e as garantias previstos na CADH passaram a integrar o rol dos direitos fundamentais, a teor do art. 5º, § 2º, da Constituição, sendo, portanto, autoaplicáveis (art. 5º, § 1º, da CF). Logo, nenhuma dúvida

---

[26] Artigo 8º - Garantias judiciais 2. h) direito de recorrer da sentença a juiz ou tribunal superior.
[27] Lopes Jr., Aury. Direito Processual penal, 13ª edição. São Paulo. Saraiva, 2016.

> paira em torno da existência, no sistema brasileiro, do direito ao duplo grau de jurisdição. Recordemos, contudo, que a posição atual do STF sobre o tema (HC 87.585/TO) é a de que a CADH ingressa no sistema jurídico interno com status "supralegal", ou seja, acima das leis ordinárias, mas abaixo da Constituição.

O direito ao duplo grau de jurisdição é, portanto, o direito de recorrer da decisão, porém, não é qualquer recurso que se sujeita ao duplo grau, embargos de declaração e juízo de retratação são proferidos pelo mesmo julgador da decisão atacada razão pela qual não são considerados em duplo grau. Outra hipótese são ações originárias em tribunais por prerrogativa de foro, para tais ações entende-se que não existe o duplo grau de jurisdição, sendo que os recursos cabíveis são restritos análise pelo próprio colegiado. Ainda relativo ao tema tem-se a dúvida se os recursos extraordinários que dão entrada aos tribunais superiores seriam também um desdobramento do duplo grau de jurisdição, sobre o tema temos a conclusão do autor Pacelli (2018 p. 737.)[28]:

> É importante salientar, porém, que a exigência do duplo grau não alcança a instância extraordinária, isto é, aquela cuja provocação ocorre por meio de recurso extraordinário e/ou recurso especial. A justificação de tais recursos é distinta daquela do duplo grau. A jurisdição do Supremo Tribunal Federal e a do Superior Tribunal de Justiça, quando alcançadas pelos mencionados recursos, cumprem outra missão, qual seja, a da tutela, pela via difusa, da unidade da Constituição e da legislação infraconstitucional, respectivamente.

Logo, entendemos o acesso as cortes superior e suprema como exceção, isso porque, não se pode pleitear a análise do mérito e como consequência, em se tratando de direito penal, inexiste a possibilidade de reformar a decisão de segundo grau afim de dizer que o réu cometeu ou não cometeu o fato, estando transitado e julgado toda circunstância fática e consequentemente a autoria e materialidade do delito, sendo cabível de julgamento apenas aspectos técnicos do direito, não pode-se ignorar contudo que

---

[28] Pacelli, Eugênio. Curso de Direito Processual Penal, 22ª edição. São Paulo. Atlatas, 2018.

evidentemente a análise de aspectos jurídicos demanda uma análise de aspecto fático, haja visto que um não existe sem outro, porém, em que pese na prática haver esse crivo, não seria permitida a alteração do fato, trazendo aos argumentos favoráveis a execução da pena em segunda instância, seria o mesmo que dizer que a culpa foi estipulada no tribunal e a interposição de recurso especial e extraordinário não tem o condão de modificar tal situação.

Ocorre que, ao analisarmos a estrutura brasileira percebemos uma certa discrepância entre o ser e o dever ser, isso porque nossa estrutura jurídica segue até o julgamento em segunda instância o que precede as normas, porém, independentemente da existência de efeito suspensivo ou não, principalmente em material criminal os tribunais superiores tem a capacidade de alterar a determinação se o réu é culpado ou não, isso porque, podem dar nova interpretação a fatos decididos pelas instâncias inferiores, como exemplo pensemos em um indivíduo que furta uma barra de chocolate de uma grande franquia de supermercados, em regra, face ao chamado princípio da insignificância, já que o furto de um item de baixo valor não tem força para ferir o bem jurídico tutelado ocorrendo a exclusão da tipicidade formal, ocorre que, entende-se inaplicável o princípio da insignificância em caso de réu reincidente, logo, se no exemplo em questão o Réu tiver sido condenado anteriormente por tal crime, então, não teria direito a insignificância, ocorre que, por mais que a pouco tempo atrás essa posição fosse unânime, tem-se hoje decisões contrárias acerca do tema, sendo assim, plenamente possível o Réu ser condenado em primeira e segunda instância pelos crimes furto, vez que reincidente, e ao ter seu recurso especial analisado o STJ entenda pela aplicação do princípio e consequentemente pela sua atipicidade o que levaria ao convencimento de que o Réu não é culpado já que cometeu conduto atípica.

Ainda temos que embora o STF não possua posição hierárquica superior em relação ao STJ, vez que conforme se disciplina a divisão de competências, cabe ao STJ julgar normas federais e ao STF normas constitucionais, uma vez que a Constituição está hierarquicamente superior a todas as outras normas, entende-se possível a reforma de uma decisão do STJ pelo STF em recurso extraordinário, o que poderia configurar em tese, conforme descrito pelo Ministro do STJ Nilson Naves [29] existiria 4 graus de jurisdição no direito brasileiro.

---

[29] Disponível em https://lfg.jusbrasil.com.br/noticias/99424/no-brasil-existem-quatro-graus-de-jurisdicao-diz-ministro-do-stj acesso 29/10/2019 às 16:11

Ao avançarmos no assunto realizaremos um estudo comparado com outros institutos do direito estrangeiro onde a análise do sistema recursal será fundamental.

Direito a duração razoável do processo.

O processo é um mal da sociedade, parece estranho tal afirmação, porém por mais que essencial o processo gera diversos prejuízo, prejuízo a sociedade que tem que arcar com os custos, as partes que muitas vezes mesmo quando vencedoras do litígio saem apenas parcialmente satisfeitas, e ao próprio judiciário que por muitas vezes se vê afogado e com questões simples e de menor importância, mas sem sombra de dúvidas, o processo moroso, lento é extremamente prejudicial, principalmente o processo penal lento que de um lado causa incerteza ao Réu sobre seu futuro de outro lado manda uma mensagem de impunidade a sociedade.

De tanta importância ao tema que o constituinte reformador ao estabelecer a importante emenda à constituição de nº 45/2004 estabeleceu o inciso LXXVIII[30] ao artigo 5º da constituição federal estabelecendo de forma expressa[31] o princípio da economia processual e da duração razoável do processo, tal princípio já se encontrava expresso também na lei 9.099/99 (juizados especiais) e no novo código de processo civil em seu Art. 4, e no item 8 da convenção americana de direitos humanos, segundo Nucci[32] p.91 "É incumbência do Estado procurar desenvolver todos os atos processuais no menor tempo possível, dando respostas imediata à ação criminosa e poupando tempo e recursos das partes." De igual forma Fredie Didier Jr.[33] (2013, p.433.):

> o processo, para ser devido, há de ser eficiente. O princípio da eficiência, aplicado ao processo, é um dos corolários da cláusula geral do devido processo legal. Realmente, é difícil conceber um devido processo legal ineficiente. Mas não é só. Ele resulta, ainda, da incidência do art. 37, caput, da

---

[30] Art. 5º [...] LXXVIII - a todos, no âmbito
judicial e administrativo, são assegurados a razoável duração do processo e os meios que garantam a celeridade de sua tramitação.

[31] De forma expressa porque embora não propriamente tipificado já era reconhecido na doutrina e jurisprudência como derivação do princípio da eficiência contido no Art. 37 da CF/88.

[32] Nucci, Guilherme de Souza. Manual de Processo Penal, 13ª edição. Rio de Janeiro: Editora Florense. 2016.

[33] DIDIER JR., Fredie. Apontamentos para a concretização do princípio da eficiência do processo. Novas tendências do processo civil. Salvador: Editora Podium, 2013.

> CF/88. Esse dispositivo também se dirige ao Poder Judiciário...

Em que pese a escrita do autor ser direcionada ao processo civil, se estrai da alma de sua afirmação que não podemos falar em um processo devido e justo se o mesmo não atingir seu objetivo e fazer isso em velocidade hábil a não sobrepor qualquer prova e valoração delas, mas ao mesmo tempo, chegue ao resultado no menor tempo possível, nas palavras de Paulo Hoffman :

> não se pode, à custa de um processo mais célere, afrontar as garantias do devido processo legal nem gerar inseguranças para as partes, tampouco forçá-las a compor-se contra a vontade. Tanto é inaceitável um processo extremamente demorado como aquele injustificavelmente rápido e precipitado, no qual não há tempo hábil para a produção de provas e alegações das partes, com total cerceamento de defesa.

O processo deve ser exatamente o que o nome diz um meio para se atingir o resultado dos pedidos invocados, ocorre que, em nosso processo atual existem inúmeros recursos, no fundamento do seu voto no HC 126292/SP em 2016 o Ministro Luiz Roberto Barroso trouxe inúmeros casos em que a procrastinação indevida do processo por meio da utilização excessiva de recursos trouxe condições questionáveis, segundo o membro do STF em seu ponto 34[34]:

> Alguns exemplos emblemáticos auxiliam na compreensão do ponto24. No conhecido caso "Pimenta Neves", referente a crime de homicídio qualificado ocorrido em 20.08.2000, o trânsito em julgado somente ocorreu em 17.11.2011, mais de 11 anos após a prática do fato. Já no caso Natan Donadon, por fatos ocorridos entre 1995 e 1998, o exDeputado Federal foi condenado por formação de quadrilha e peculato a 13 anos, 4 meses e 10 dias de reclusão. Porém, a condenação somente transitou em julgado em 21.10.2014, ou seja, mais de 19 anos depois. Em

[34] HC 126292/SP - STF

> caso igualmente grave, envolvendo o superfaturamento da obra do Fórum Trabalhista de São Paulo, o ex-senador Luiz Estêvão foi condenado em 2006 a 31 anos de reclusão, por crime ocorrido em 1992. Diante da interposição de 34 recursos, a execução da sanção só veio a ocorrer agora em 2016, às vésperas da prescrição, quando já transcorridos mais de 23 anos da data dos fatos.

Evidente que nos exemplos citados ainda houveram a condenação, porém, quando se falo de duração razoável do processo tem que entender que a tutela não se restringe as ações do órgão estatal ou do Réu de ter a resposta em tempo hábil, é necessário ao trabalhar com processo penal voltar seus olhos também a vítima, sendo que a duração razoável é também direito de a vítima, sujeito do direito violado receba do estado a resposta do julgamento em tempo hábil.

6. Da presunção de inocência ou não culpabilidade

Princípio consagrado em nossa Constituição no art. 5º inciso LVII[35] é principal fundamento contrário ao cumprimento antecipado da pena, tal artigo define de forma clara que ninguém será culpado antes do trânsito em julgado da ação penal, sendo que, ao reproduzir seu conteúdo dentro do CPP no Art. 283[36] o legislador modificou o termo culpa pelo termo preso, além do mais a Carta Magna estabelece critério para se estabelecer a prisão em seu Art. 5º LXI[37], de uma análise de todos os artigos tem-se que em aspectos constitucionais o legislador criou dois critérios, o primeiro, de que ninguém será considerado culpado sem o transito em julgado da sentença condenatória, o segundo que a prisão será estabelecida mediante ordem fundamentada pelo juiz competente, ressalvado os casos de crimes militares, a controvérsia paira sobre se os termos culpabilidade e prisão seriam condições de um ao outro, em outras palavras, se seria

---

[35] "Art. 5º: [...] LVII – ninguém será considerado culpado até o trânsito em julgado de sentença penal condenatória CF/88.

[36] "Art. 283. Ninguém poderá ser preso senão em flagrante delito ou por ordem escrita e fundamentada da autoridade judiciária competente, em decorrência de sentença penal condenatória transitada em julgado ou, no curso da investigação ou do processo, em virtude de prisão temporária ou prisão preventiva." Código de Processo Penal

[37] LXI – ninguém será preso senão em flagrante delito ou por ordem escrita e fundamentada de autoridade judiciária competente, salvo nos casos de transgressão militar ou crime propriamente militar, definidos em lei"; CF/88

possível considerar alguém culpado sem ser preso ou um preso que fosse considerado não culpado. A legislação infraconstitucional parece estipular o final do caminho, vez que a substituição dos termos declara expressamente que só será preso o preso em flagrante, o preventivo e temporário e em decorrência de sentença penal transitada em julgado, ocorre que, tal vontade refere-se ao legislador infraconstitucional e não ao constituinte originário ou reformador, razão pela qual, em regra, o conflito entre a norma lei e a norma princípio em regra dá preponderância ao princípio. Nessa esfera, mais coerente a análise do princípio emanado do texto constitucional do que mera alegação de norma infraconstitucional, vez que, conforme expresso o princípio constitucional tem eficácia ímpar, devendo incidir mesmo que de forma mitigada ao conflitar com outros princípios ou normas.

Em relação a presunção de inocência tem-se alguns aspectos relevantes a serem estudados, primeiramente, exerce uma influência processual, tendo em vista que a regra básico do processo é que cabe a quem alega fazer prova da constituição do seu direito, cabendo ao que responde apenas aspectos impeditivos, modificativos e extintivos, tal regra cível ganha mais força no processo penal, isso porque não cabe ao Réu provar sua inocência, mas sim, ao Estado que lhe acusa comprovar sua culpabilidade, nas palavras do desembargador Nucci (2015, p. 34.)[38]:

> Tem por objetivo garantir, primordialmente, que o ônus da prova cabe à acusação e não à defesa. As pessoas nascem inocentes, sendo esse o seu estado natural, razão pela qual, para quebrar tal regra, torna-se indispensável ao Estado-acusação evidenciar, com provas suficientes, ao Estado-juiz, a culpa do Réu.

Tem-se então que dentro do processo, e mais especificamente na instrução penal o Réu será inocente até prova em contrário, na mesma esteira tem-se a determinação de absolvição do acusado por ausência de provas no Art. 386 inciso II do CPP[39], fora do processo tem-se que o princípio da presunção de inocência veda com que o acusado seja

[38] Nucci, Guilherme de Souza. Manual de Processo Penal e Execução Penal, 12ª edição. Rio de Janeiro. Editora Forense, 2015.

[39] Art. 386. O juiz absolverá o réu, mencionando a causa na parte dispositiva, desde que reconheça: II - não haver prova da existência do fato;

exposto pela mídia como aquele que cometeu a infração, segundo Aury Lopes Jr (2016, p. 53.):[40]

> Externamente ao processo, a presunção de inocência exige uma proteção contra a publicidade abusiva e a estigmatização (precoce) do réu. Significa dizer que a presunção de inocência (e também as garantias constitucionais da imagem, dignidade e privacidade) deve ser utilizada como verdadeiros limites democráticos à abusiva exploração midiática em torno do fato criminoso e do próprio processo judicial. O bizarro espetáculo montado pelo julgamento midiático deve ser coibido pela eficácia da presunção de inocência.

A eficácia do princípio da não culpabilidade em relação a aspectos processuais e da imagem pública são incontroversos, a questão controvertida recai sobre se tal presunção permite ou coíbe o cumprimento antecipado de pena, para isso faz necessário o estudo das penas existentes no nosso ordenamento jurídico afim de verificar a compatibilidade com a presunção de inocência.

7. DOS TIPOS DE PRISÃO

7.1 Da prisão em flagrante

Primeiramente insta conceituar o termo prisão, segundo Nucci (2015, p. 518)[41]:

> É a privação da liberdade, tolhendo-se o direito de ir e vir, através do recolhimento da pessoa humana ao cárcere. Não se distingue, nesse conceito, a prisão provisória, enquanto se aguarda o deslinde da instrução criminal, daquela que resulta de cumprimento da pena. Enquanto o Código Penal regula a prisão proveniente de condenação, estabelecendo as suas espécies, formas de cumprimento e regimes de

---

[40] Lopes Jr., Aury. Direito Processual penal, 13ª edição. São Paulo. Saraiva, 2016.

[41] Nucci, Guilherme de Souza. Manual de Processo Penal e Execução Penal, 12ª edição. Rio de Janeiro. Editora Forense, 2015.

> abrigo do condenado, o Código de Processo Penal cuida da prisão cautelar e provisória, destinada unicamente a vigorar, quando necessário, até o trânsito em julgado da decisão condenatória.

Em outras palavras, prisão é o ato estatal apoiado em uma decisão fundamentada pela autoridade judiciária[42] que constrinja o direito de ir e vir, podendo ser em razão de uma condenação ou em razão de preceitos processuais até o trânsito em julgado da decisão, tal perspectiva é o que se fundamenta no Art. 5° inciso LXI da CF/88[43], onde define que os requisitos da prisão é o flagrante delito ou a ordem escrita e fundamentada de autoridade judicial, sendo que, independente da discussão da problemática envolvida no tema em questão, nítido que antes de se falar em legalidade ou ilegalidade de qualquer tipo de prisão é necessário adequar os requisitos do inciso LXI.

Nessa ótica, é necessário primeiro buscar a definição jurídica de flagrante, tendo em vista que a Constituição não define o que é flagrante, ficando a cargo do Código de Processo Penal dizer em seu artigo 302[44] as modalidades existentes, porém sua conceituação se funda mais na etimologia da palavra, nesse ponto Renato Brasileiro de Lima (2013, p. 862 – 863.)[45]

> A expressão "flagrante" deriva do latim "flagrare" (queimar), e "flagrans", "flagrantis" (ardente, brilhante, resplandecente), que, no léxico, significa acalorado, evidente, notório, visível, manifesto. Em linguagem jurídica, flagrante seria uma característica do delito, é a infração que está queimando, ou seja, que está sendo cometida ou acabou de sê-lo, autorizando-se a prisão do

---

[42] Exceção a essa modalidade teria a prisão em flagrante que não necessita de prévia autorização judicial, podendo inclusive ser proposta por qualquer pessoa.

[43] LXI - ninguém será preso senão em flagrante delito ou por ordem escrita e fundamentada de autoridade judiciária competente, salvo nos casos de transgressão militar ou crime propriamente militar, definidos em lei;

[44] Art. 302. Considera-se em flagrante delito quem:
I - está cometendo a infração penal;
II - acaba de cometê-la;
III - é perseguido, logo após, pela autoridade, pelo ofendido ou por qualquer pessoa, em situação que faça presumir ser autor da infração;
IV - é encontrado, logo depois, com instrumentos, armas, objetos ou papéis que façam presumir ser ele autor da infração.

[45] LIMA, Renato Brasileiro de. Curso de Processo Penal. Niterói: Impetus, 2013.

> agente mesmo sem autorização judicial em virtude da certeza visual do crime. Funciona, pois, como mecanismo de autodefesa da própria sociedade.

Logo entende-se o flagrante como a descoberta fresca do ato típico, na iminência de sua execução ou logo após a consumação, nesse ponta a doutrina subdivide as espécies de flagrante em aspectos subjetivos e objetivos, sendo o primeiro com base no descrito no Art. 301[46] e o segundo com base no Art. 302, sendo que, o aprofundamento do assunto não se mostra relevante ao presente estudo.

Trocando a ordem dos critérios apresentados pelo constituinte originário, por mera didática, importa mais oportuna a avalição da parte final do inciso LXI do Art. 5º da CFRB/88, sendo que, determina casos específicos de prisão sem a autorização judiciária, sendo estas oriundas do direito militar e em leis específicas[47] que podem ser aplicadas de forma diferenciada. No entanto, ressalvado as hipóteses demonstrada só é admissível a prisão mediante ordem fundamentada da autoridade judicial competente, logo, independentemente do posicionamento acerca do cumprimento antecipado da pena tem-se necessário para sua execução a ordem escrita e fundamentada do judiciário, tanto para a pena em definitivo como para prisão preventiva *latu-sensu*, em sustentação a seu voto o Ministro do Supremo Luiz Roberto Barroso[48] invoca que o único requisito constitucional para a decretação da prisão é a ordem fundamentada da autoridade judiciária competente, não se exigindo por tanto o transito em julgado.

Nesse ponto torna-se estranha a divisão das prisões, como visto, ao retirar a hipótese de flagrante, administrativa, militar e civil tem-se que todas as prisões são por ordem judicial, e o momento dessa ordem definiria duas categorias, sendo ela prolatada após o transito em julgado tem-se a execução da pena definitiva, se anterior, tem-se o chamado de prisão preventiva *lato-sensu*, a qual se subdivide novamente em temporária e provisória, tais modalidade merecem maiores detalhes nesse momento, tendo em vista que suas definições podem se confundir entre si e em relação ao cumprimento antecipado da pena.

---

[46] Art. 301. Qualquer do povo poderá e as autoridades policiais e seus agentes deverão prender quem quer que seja encontrado em flagrante delito.
[47] Cita-se a prisão administrativa para fim de extradição e a prisão civil do devedor de alimentos.
[48] Julgamento transmitido em rede nacional pela emissora de televisão TV JUSTIÇA.

7.2 Da prisão temporária

Uma das modalidades da prisão preventiva *latu-sensu*, a prisão temporária qualifica-se como uma medida acautelatória, ou seja, como uma medida que visa garantir algo, esse algo, é a proteção da eficácia do inquérito policial.

Criada pela lei 7.960 de 21 de dezembro de 1989, tem-se em seu artigo inaugural as hipóteses de cabimento, sendo elas no inciso I quando imprescindível para as investigações do inquérito policial; no II quando não for possível verificar a identidade ou o endereço do investigado e conforme expressão do inciso III indícios de autoria e materialidade sobre o cometimento do Rol[49] crimes escolhidos pelo legislador, entende a doutrina de Pacelli[50]que as hipóteses do inciso I englobam na totalidade a do inciso II, vez que uma vez que haja a ofensa ao inciso II haverá necessariamente ofensa ao inciso I, e ainda, que para o enquadramento do tipo penal, deve existir indícios de materialidade e autoria nos delitos expostos no inciso III, além do mais trata-se de possibilidade prisão anterior a própria propositura da denúncia, sendo que, o Estado-Juiz não pode intervir nas relações como inquisidor do processo, razão pela qual, muito embora seja requisito de validade a prisão temporária a autorização judiciária, a mesma não pode ser decreta *ex-oficio*[51], apenas mediante pedido do Ministério Público ou representação da autoridade policial, obedecendo o prazo máximo fixado no artigo 2° da lei da prisão temporária é de 05 dias prorrogáveis uma única vez por igual período, porém, com o advento da lei de crimes hediondos (Lei. 8.072/90) em seu parágrafo 4°[52] ampliou aos crimes hediondos o prazo de 30 dias prorrogáveis por igual período.

Pelo exposto, torna-se nítido que a modalidade de prisão temporária não se amolda aos termos da execução antecipada da pena, vez que, tem como requisito objetivo

[49] a) homicídio doloso b) seqüestro ou cárcere privado c) roubo d) extorsão e) extorsão mediante seqüestro f) estupro , e sua combinação com o art. 223, caput, e parágrafo único); g) atentado violento ao pudor , e sua combinação com o art. 223, caput, e parágrafo único); h) rapto violento (art. 219, e sua combinação com o art. 223 caput, e parágrafo único); i) epidemia com resultado de morte j) envenenamento de água potável ou substância alimentícia ou medicinal qualificado pela morte (art. 270, caput, combinado com art. 285); l) quadrilha ou bando, todos do Código Penal; m) genocídio , em qualquer de sua formas típicas; n) tráfico de drogas o) crimes contra o sistema financeiro p) crimes previstos na Lei de Terrorismo.

[50] Pacelli, Eugênio. Curso de Direito Processual Penal, 22ª edição. São Paulo. Atlatas, 2018, p. 438.

[51] Ação voluntária, sem a devida provocação.

[52] § 4º A prisão temporária, sobre a qual dispõe a Lei nº 7.960, de 21 de dezembro de 1989, nos crimes previstos neste artigo, terá o prazo de 30 (trinta) dias, prorrogável por igual período em caso de extrema e comprovada necessidade.

ser determinada em face da necessidade de se acautelar o inquérito policial e possuindo lapso temporal determinado.

7.3 Prisão preventiva

Já em relação a modalidade da prisão preventiva tem-se uma complexidade maior sobre as opções de admissibilidade da medida, importa salientar que de uma análise constitucional do direito processual penal tem-se que a liberdade deve ser sempre a regra e todas a modalidade de prisão como uma exceção, a prisão preventiva é ou ao menos deveria ser essa modalidade de exceção, sendo uma medida coercitiva de liberdade em que ao analisar circunstâncias especiais que serão trabalhadas mais adiantes, decreta a prisão do acusado sem o devido julgamento de mérito, segundo Mirabete[53]:

> "A prisão preventiva, em sentido estrito, é a medida cautelar, constituída da privação de liberdade do acusado e decretada pelo juiz durante o inquérito ou instrução criminal, diante da existência dos pressupostos legais, para assegurar os interesses sociais de segurança. É considerada um mal necessário, pois suprime a liberdade do acusado antes de uma sentença condenatória transitada em julgado, mas tem por objetivo a garantia da ordem pública, a preservação da instrução criminal e a fiel execução da pena. Só se justifica em situações específicas, em casos especiais, em que a custódia provisória seja indispensável."

A previsão legal para a prisão preventiva está nos artigos 311[54] e adiantes do código de processo penal, estando no art. 312[55] seus requisitos básicos, que embora previstos em lei possui um grau de subjetividade bastante elevado sendo realmente difícil definir o que enquadraria nos tipo, isso porque tem-se que a prisão preventiva será

---

[53] Julio Fabbrini Mirabete, Código de Processo Penal – Interpretado, 8ª edição, Atlas, São Paulo, 2001.

[54] Art. 311. Em qualquer fase da investigação policial ou do processo penal, caberá a prisão preventiva decretada pelo juiz, de ofício, se no curso da ação penal, ou a requerimento do Ministério Público, do querelante ou do assistente, ou por representação da autoridade policial.

[55] Art. 312. A prisão preventiva poderá ser decretada como garantia da ordem pública, da ordem econômica, por conveniência da instrução criminal, ou para assegurar a aplicação da lei penal, quando houver prova da existência do crime e indício suficiente de autoria. Parágrafo único. A prisão preventiva também poderá ser decretada em caso de descumprimento de qualquer das obrigações impostas por força de outras medidas cautelares

decretada em favor da ordem pública, econômica, conveniência da instrução penal, assegurar a execução da lei penal e em caso de descumprimento de outras medidas cautelares, existe também a vedação legal da imposição de prisão preventiva aos crimes culposos, as contravenções penais ou quando o crime não prever pena privativa de liberdade, provem ainda as condições do Art. 313[56], sendo estas, o crime possuir pena máxima em abstrato superior a 4 anos, ser o agente reincidente, crimes contra a mulher no âmbito da violência domestica e havendo dúvidas sobre a identidade civil da pessoa.

Em que pese tais requisitos objetivos, percebe-se algumas exceções ao contido no Art. 313, sendo elas, o crime de associação criminoso e cárcere privado, ambos com pena máxima em abstrato de 3 anos devido a gravidade do delito, se faz necessária a segregação cautelar, enquadrando-se ainda nas exceções os crimes em concursos materiais formais e em crime continuado, por óbvio a soma das penas máximas em abstrato superar 4 anos estaremos diante de causa provável a decretação da prisão preventiva.

Por se tratar de uma medida restritiva de liberdade tem como requisito a necessidade de ser decretada por uma ordem judicial fundamentada, vez que antes do trânsito em julgado, torna-se uma modalidade acautelatória do processo, porém que diferente da prisão temporária não é restrita ao inquérito policial, podendo decretada a qualquer tempo do inquérito e do processo, outra diferença está no fato de que o juiz pode de ofício decretar a prisão preventiva sem a necessidade de ser provocado. Esse ponto merece pequenas observações, existe uma clara divisão constitucional em que aquele que acusa deve diferir obrigatoriamente daquele que julga, outra definição incontestável é que o inquérito não faz prova, apenas cria indícios que levem ao convencimento da autoridade policial e ministerial a propor a denúncia, sendo que, os documentos colhidos se tornam prova após o contraditório dentro do processo e os testemunhos repetidos em sede de instrução criminal, logo só se tem prova após a instrução criminal, porém, o juiz pode decretar a prisão preventiva antes da instrução criminal, logo, antes de definitivamente

---

[56] Art. 313. Nos termos do art. 312 deste Código, será admitida a decretação da prisão preventiva: I - nos crimes dolosos punidos com pena privativa de liberdade máxima superior a 4 (quatro) anos; II - se tiver sido condenado por outro crime doloso, em sentença transitada em julgado, ressalvado o disposto no inciso I do caput do art. 64 do Decreto-Lei III - se o crime envolver violência doméstica e familiar contra a mulher, criança, adolescente, idoso, enfermo ou pessoa com deficiência, para garantir a execução das medidas protetivas de urgência; Parágrafo único. Também será admitida a prisão preventiva quando houver dúvida sobre a identidade civil da pessoa ou quando esta não fornecer elementos suficientes para esclarecê-la, devendo o preso ser colocado imediatamente em liberdade após a identificação, salvo se outra hipótese recomendar a manutenção da medida.

colhida a prova, e por isso a cautela deveria ser maior, afinal, é por base em indícios e não em provas[57] que é decretado o cerceamento da liberdade do Réu.

Tal questão foi levantada dentro do julgamento das ações declaratórias de constitucionalidade quando se contestou que a mera reparação civil pelo cumprimento antecipado da pena não seria suficiente para indenizar o que foi perdido com a cárcere, de igual forma pode-se discutir que a prisão preventiva do réu posteriormente considerado inocente[58].

De diferente sorte, a prisão preventiva não é tratada de igual forma ao cumprimento antecipado da pena, sendo que é firme a jurisprudência[59] do Superior Tribunal de Justiça no sentido de que a prisão preventiva de réu que posteriormente venha a ser absolvido não enseja por si só direito a indenização em face do Estado, sendo necessário a prova de que a decretação da prisão preventiva foi evidenciada em erro. Observa-se duas pesagens sobre a situação, o cumprimento antecipado da pena permitiria a condenação do preso em danos morais, de outro modo, a decretação de prisão preventiva não enseja, observa-se que os dois institutos ao menos ao julgar sobre a possibilidade ou não de indenização por danos morais. Hipoteticamente poderíamos afirmar que um réu preso preventivamente pelo crime X teve condenações em primeiro e segundo grau vindo a conseguir no STF a invalidade de uma prova por ser ilícita vindo a ser considerado não culpado por ausência de provas, nesse acaso, face a jurisprudência superior não existiria causa para indenizar, outra caso similar, temos que o outro réu acusado do mesmo crime X mas que não teve sua prisão provisória decretada, ao ser condenado em segunda instância passou ao cumprimento antecipado da pena, sendo que, também conseguiu no STF a ilegalidade da prova que o condenou vindo a ser absolvido, nesse caso então, diferentemente do primeiro, existiria a necessidade de se indenizar.

Percebe-se nesse contexto que a prisão provisória e o início antecipado da execução penal não se confundem, não só pelas hipóteses de aplicação, mas também pelas suas consequências no mundo jurídico.

---

[57] Algumas hipóteses da prisão preventiva são realizadas com base em provas, é o caso da prisão por descumprimento de medida alternativa e por atentado contra o fiel prosseguimento processual.

[58] Importante lembrar que conforme expresso no Art. 386 do código de processo penal que será o réu absolvido quando existir prova da não existência do fato ou quando faltarem provas para condenação em face do princípio da presunção de inocência.

[59] Precedentes: RESP 1169029PR; RESP 911641MS; RESP 1034818 RESP 1755737MG

7.4 Da prisão em definitivo

Todas espécies tratadas anteriormente remetem a um fim, a prisão civil é um meio coercitivo para que o devedor alimentício cumpra com seu dever, a administrativa tem como objetivo garantir a possibilidade da extradição, a militar baseia-se no acentuado grau de rigor e de obediência necessária a essa classe social, por fim, a prisão preventiva *latu-sensu* é uma forma cautelar do processo, tratando-se de uma medida de urgência penal e que visa garantir de forma efetiva o processo penal ou em grau abstrato a periculosidade do agente pode inferir na ordem social, econômica ou em descumprimento de medida aplicada, de qualquer jeito, o objetivo do cárcere é que evitar que o Réu solto cause determinados problemas ao objetivo que se tem, ao tratar da pena em definitivo desprezamos tais requisitos, não mais importa as condições do agente ou do crime e nem se quer pretende garantir algo, a pena em definitivo nada mais é do que a resposta do Estado perante ao ato típico praticado pelo acusado.

Embora discuta-se de forma até eterna as funções do direito penal, e aí podemos citar desde o aspecto punitivo até a ideia de ressocialização, fato é que ao ter uma sentença penal condenatória contra o agente, entende-se que esse agente deverá cumprir a pena, surgindo a discussão sobre o momento em que o agente pode ou não passar a cumprir a pena em definitivo, sendo que, caso após acordão em 2 grau de jurisdição tem-se um instituto próprio, que não é a prisão preventiva, mas também não é após o transito em julgado, podendo falar então da antecipação dos efeitos da pena.

8. Do estudo do direito comparado

O direito é ao mesmo tempo local e universal, universal porque suas bases estão na própria formação humana e em sua relação em sociedade, tais bases não se diferenciam sobre o local que é escrita, roubo é roubo seja no Brasil seja na Alemanha, assim como, a vida é um bem jurídico que deve ser protegido independentemente do local onde seja aplicada, variando-se apenas o grau de defesa, local porque cada Estado no uso de sua soberania pode criar regulamentos e regimentos internos pelos quais criam-se regras particulares e individuais ao restante do mundo. Por muito tempo o direito se preocupou com o seu próprio sítio, servindo o direito estrangeiro mais como mero conteúdo norteador do que propriamente dotado de efetividade, ao passo que as relações globais antes tão longínquas se tornam próximas e constantes a proximidade do direito segue seus passos, o que antes era visto como mero instrumento acaba por ter aplicabilidade e de tal forma o estudo do direito alienígena é não só é capaz de fundamentar a evolução interna do direito mas também acaba por demonstrar casos práticos de aplicabilidade a casos concretos.

O tema foi introduzido pela Ministra Ellen Gracie no HC. 85.886, sendo explorado pelo voto do saudoso Ministro Teori Zawaski no HC 126.292.

Ainda sobre isso, é necessário ponderar entre as divergências, cada Estado possuí sua própria cultura e suas próprias peculiaridades, razão pela qual, mesmo que algo seja praticado pela maioria dos países não significa necessariamente que é o correto para determinado país, é com base nisso que podemos afirmar que uma posição diferente da maioria não significaria sempre estar errado, ao mesmo tempo que também não pode ser considerado simplesmente uma inovação sem o devido amparo.

O estudo com o direito comparado é algo recorrente, mas deve ser analisado levando em consideração as diferenças sociais econômicas e políticas desses países, razão pela qual nessa pesquisa não se utilizou apenas de informações relativas ao momento em que começa-se a executar a pena nesses países mas também quais tipos de penas aplicadas, a estrutura processual e o rigor das sanções.

Para fundamentar tais tópicos será utilizado não somente o contido nos códigos penais e processuais penais de cada um dos países como em artigos e entrevistas de profissionais que possuam experiência no processo penal de cada um dos respectivos países.

8.1 Alemanha

O sistema penal alemão tem como requisito para execução da pena o trânsito em julgado da ação, porém, tal fato ocorre ainda sendo possível a interposição de um recurso constitucional, isso porque, a Alemanha trabalha com 3 instâncias, assemelhando-se ao processo brasileiro, onde um juiz singular analisa a causa sendo possível recurso a um tribunal regional, e pôr fim a última instância, chamada de BGH (Bundesrerichtshof) que equivale ao nosso STJ, por meio do recurso de Revisão.

Importa dizer que o sistema Alemão não prevê tecnicamente hipótese de execução provisória da pena, uma vez que seu recurso é dotado de efeito suspensivo automático, sendo necessário o trânsito em julgado da ação para dar início ao cumprimento da pena.

Outro ponto semelhante, a Alemanha possui o chamado Tribunal Federal Constitucional, sendo que, tal tribunal possui a capacidade de verificar matérias em face a constituição alemã, no entanto, não é propriamente considerado um recurso, sendo chamado de reclamação. Na prática, após o trânsito em julgado da decisão ordinária é possível que seja imposta reclamação (Wiedernaufnahme des Verfahrens) ao tribunal.

Em que pese não se tratar de recurso, é nítido que a reclamação ao tribunal constitucional tem o poder de reformar a decisão interposta pelo BGH, o que em tese, se assemelha a um 4 grau recursal, e uma vez que já transitado em julgado, seria possível ao preso, que pode interpor medida para anular sua condenação ter início ao cumprimento antecipado da pena.

Logo embora possa-se se afirmar a necessidade de que exista o transito em julgado, ele não é efetivo, apenas por fixação entende-se que o a reclamação a corte suprema alemã não seria de fato um recurso, sendo que a competência do BGH se assemelha ao do STF, ou seja, trata-se da corte suprema que avalia a constitucionalidade das decisões, e ainda dentro dos aspectos processuais tem-se que os crimes considerados mais graves começam seu julgamento diretamente na segunda instância como se ali existisse uma prerrogativa de foro.

Conforme denota o Art. 38 do Código Penal alemão, a pena privativa de liberdade irá ser entre 1 a 15 anos de reclusão, ressalvado os crimes de prisão perpétua.

Sendo a prescrição de 30 anos para casos de prisão perpétua, 20 anos para crimes com pena superior a 10 anos, 10 anos para crimes com pena de 5 até 10 anos. 3 anos para os outros crimes.

Ainda, os pequenos delitos chamados de *bagatelldelikte*, tornaram-se uma espécie de contravenções penais não dotadas de pena, sobre o tema os professores Giacomolli e Aflen da Silva, publicaram na revista de direito GV atrelada a fundação Getúlio Vargas com qualificação qualis/capes A1[60]:

---

[60] Giacomolli, Nereu Jose.; Aflen da Silva, Pablo Rodrigo. Panorama do Princípio da Legalidade no direito penal Alemão vigente. São Paulo, Revista de direito GV, volume 06, número 02, 2010.

> Contudo, em consonância com as opções político-criminais que orientavam o AE 1966, com a abolição da categoria de ilícitos penais contravencionais e a redução a somente aqueles que são de relevância penal, foi aprovada outra grande operação de reforma, promulgando uma lei de com grande conteúdo despenalizador, que estabeleceu uma nova e orgânica disciplina dos ilícitos administrativos (idealizada por Goldschmidt23). À área dos ilícitos administrativos foram destinados grande parte dos ilícitos antes previstos como contravenções, tendo-se criado, a partir daí, a OWiG (Lei dos ilícitos à ordem).

Sobre os crimes, as penas variam não só em relação ao tipo do crime, mas também, a gravidade, no caso do homicídio por exemplo, é apresentado nos artigos 211 a 213 do CP Alemão, sendo que o ato de matar alguém por si só, configura o art. 212 com pena mínima de 5 anos, porém, caso possua circunstâncias minorastes (Art. 213), em regra, circunstâncias subjetivas como violenta emoção e provocação, teria penas de 1 a 10 anos, já em relação a circunstâncias majorantes, a pena seria perpetua. Já crime de estrupo tipificado no Art. 177 define a pena 3 meses até 10 anos.

Tem-se na Alemanha um processo penal influenciado pelo legado de Franz Von Liszt, que criou a teoria do direito penal total que englobaria as ciências sociais como psicologia, sociologia, pedagogia entre outros, como fundamentos na caracterização do direito penal, desde sua criação até a execução da pena. Em relação a aplicação observa-se que a despenalização de alguns tipos penais como citados supra, denotam a ideia do que é chamado em suas teorias da pena correta e justa, pela qual, tem-se o intuito de criar uma proporcionalidade entre a pena, o crime o agente, nesse sentido o professor Peter Walter Ashton da UFGRS descreveu em seu artigo[61]:

> Segundo Liszt, o combate à criminalidade deve iniciar nas raízes do delito. O programa de reforma deve acima de tudo modificar os estados sociais. Para Liszt a pena correta, isto é, a pena justa, é a pena necessária. Justiça no e para o direito penal é a correta observação da medida necessária

[61] Ashton, Peter Walter. As principais teorias do direito penal, seus proponentes e seu desenvolvimento na Alemanha. Rio Grande do Sul, Revista da Faculdade de Direito da UFRGS, v. 12, p. 237-246, 1996.

> da pena em decorrência das exigências do fim que informa a norma jurídica. Para Liszt o direito penal tem a tarefa de dar ao delinqüente eventual, ocasional, que não necessita ser ressocializado, um lembrete suficientemente forte para atemorizá-lo e assim não mais clelinqüir. Já o delinqüente semi habitual, capaz de ser reeducado e de se reabilitar, deve ser ressocializado por métodos educacionais durante o processo de execução da pena. Finalmente, o criminoso habitual deve ser neutralizado por imposição de medidas de "servidão penal" (Strafknechtschaft) por tempo indeterminado.

Logo, a Alemanha adota um sistema de aplicação de pana após o trânsito em julgado, muito embora tal fato realiza-se ainda na pendencia da reclamação a Corte Suprema Alemã que embora não visto como um recurso é extremamente semelhante ao que temos como recurso extraordinário, via de regra, pode-se dizer que o cumprimento da pena penal germânica inicia ainda na pendencia de um recurso e por consequência seria anterior ao trânsito em julgado da ação penal, porém, embora pendure a existência de penas perpétuas aos delitos mais graves, observa-se menor rigor que o Código Penal brasileiro ao tratar de crimes de pequeno e médio potencial ofensivo, atribuindo penas mais brandas e despenalizações, ressaltando-se ainda, que embora não expresso na legislação conforme descrição de Vasconcellos e Moeller62 a realização de acordos em matéria criminal é prática constante no cotidiano dos julgamentos alemão, sendo que, em regra, tais acordos são celebrados na frente de juízes leigos e togados, onde cabe ao magistrado apenas delimitar a pena máxima e analisar se a vontade do réu em aceitar esse acordo não foi corrompida, sendo que em praticamente todos os acordos celebrados existe a renuncia ao direito de recorrer.

8.2 Argentina

O "*código procesal penal de la nacion argentina*", estabelece, de imediato, no primeiro artigo trata dos princípios bases do sistema processual argentino, sendo eles,

---

[62] Vasconcellos, Vinicius Gomes de; Moller, Uriel. Acordos no processo penal alemão: descrição do avanço da barganha da informalidade e à regulamentação normativa. UNAM, instituto de investigações jurídicas, *Boletín Mexicano de Derecho Compardo,* núm. 147, paginas 15-33, 2016.

juiz natural (*juez natural*), prevenção do juízo (*juicio prévio*), presunção de inocência (*presunción de inocencia*) e a não condenação pelo mesmo fato (*non bis idem*), dentro o qual, importa transcrever a letra de lei em relação a presunção de inocência: ninguém será considerado culpado, enquanto não sobrevier sentença no decorrer do processo penal em decorrência do princípio da presunção de inocência que todo acusado goza (*ni considerado culpable mientras una sentencia firme no desvirtúe la presunción de inocencia de que todo imputado goza*). Evidente pois, que o sistema penal argentino, assim como no Brasil, adota o princípio da presunção da inocência como diretriz acerca da condenação, porém, importante entender o momento da execução da pena no país vizinho.

O código Argentino entende como executável a sentença penal "*firme*", o que se assemelha a um conceito de trânsito em julgado, mas restrito ao duplo grau de jurisdição, é possível ter uma sentença penal apta a ser cumprida sempre que não existir a apelação ao juízo de primeiro grau e tenha ultrapassado o prazo, ou quando a sentença em segundo grau for proferida e intimada as partes.

Tem-se na realidade por força do Art. 300 do código *Procesal Penal De La Nacion Argentina*[63] que os recursos são dotados de efeito suspensivos salvo disposição em contrário, tal disposição deriva da análise do Art. 297 que determina os princípios gerais dos recursos, entre eles, que apenas será possível os recursos expressamente indicados pela lei, e do título III (Art. 309 a 311) do CPP argentino, onde se omitem a possibilidade de recursos extraordinários previstos no Art. 256 e seguintes do *codigo procesal civil y comercial de la nacion,* não sendo dotado de efeito suspensivo, sendo portanto, que após a decisão de segundo grau é possível a execução da pena, isso porque, neste momento possui contra o Réu uma sentença firme e a disposição do Art. 327 CPP da Argentina apenas são passiveis de execução tais sentença, ressalvando-se a hipótese do Art. 330 do mesmo códice que prever que a mulher gravida e com filho menor de 12 meses ou quando o réu estiver gravemente doente ou ferido e a execução da pena inferir risco a vida do acusado a execução será postergada até a sessão dos estados.

---

[63] Artículo 300.- Efeito suspensivo. As decisões judicias não serão executadas durante o prazo para impugnar, mesmo quando durante o período de tramite do recurso, salvo disposição expressa em contrário. Nem serão executadas se não tiverem sido ordenado a pena privativa de liberdade do réu, ou quando impostas condições menos gravosas. Tradução livre.

Ainda, assim como a Alemanha é possível a realização de acordos entre o Réu e o Ministério Público, inclusive, diferentemente do Brasil em que cabe a polícia civil o papel de investigação e colheita de provas no país do sol azul o MP é dotado não só do poder de investigação como também faz o primeiro juízo acerca da manutenção da prisão em flagrante do Réu, sendo posteriormente encaminhado a revisão judicial.

8.2.1 Mohamed versus República da Argentina

Caso marcou a história do direito penal argentina, trata-se de julgamento do caso 11.618 [64]pela corte interamericana de direitos humanos pela qual o condenado Oscar Alberto Mohamed requereu o julgamento da corte por ter no processo de seus país cerceamento de direito fundamentais expressos no pacto de San José da Costa Rica, onde a Argentina foi signatária.

Trata-se a ação penal originária para apurar suposto crime de homicídio culposo no trânsito[65] em que no dia 16 de março de 1992, o Sr. Mohamed teria atropelada a vítima no exercício de suas funções de motorista de ônibus por ter supostamente ultrapassado o sinal vermelho e estar em alta velocidade.

Em 30 de agosto de 1994 foi decidido pela absolvição do Réu, em síntese por falta de provas.

Da sentença o Ministério Público interpôs apelação no dia 31 e agosto de 1994, sendo que, o defensor do Réu interpôs em 14 de setembro de 1994 recurso de apelação em matéria de honorários.

Sobreveio em 22 de fevereiro de 1995 decisão que considerou o Réu culpado, condenando-o a 3 anos de prisão e suspensão do direito de dirigir pelo período de 8 anos, sendo que o ordenamento argentino não possuía nenhum recurso cabível contra a sentença condenatória de segunda instância.

Sendo que a defesa do Sr. Mohamed interpôs recurso extraordinário federal com fundamento no Art. 256 do código de processo civil alegando a sentença violar

---

[64] Disponível em http://www.corteidh.or.cr/docs/casos/articulos/seriec_255_esp.pdf acesso em 10/11/2019 às 21:20.

[65] Art. 84 da lei 11.179/AR "*Será reprimido con prisión de seis meses a tres años e inhabilitación especial, en su caso, por cinco a diez años, el que por imprudencia, negligencia, impericia en su arte o profesión o inobservancia de los reglamentos o de los deberes de su cargo, causare a otro la muerte*"

dispositivos constitucionais, porém, em 07 de abril de 1995 o recurso não foi aceito sobre o fundamento de abrir uma terceira instância o que iria contra o ordenamento pátrio. Mohamed interpôs outros dois recursos visando a admissibilidade do recurso extraordinário os quais foram negados.

Em 17 de julho de 1995 diante da condenação o Sr. Mohamed foi demitido do emprego por justa causa, uma vez que não possuía permissão para dirigir.

Diante tal fato Mohamed interpôs reclamação a corte interamericana de direitos humanos alegando em síntese que ao reformar a decisão de primeiro grau deveria haver algum direito ao réu de rediscutir a matéria fática em grau ordinário, já que, não se tem o duplo grau de jurisdição em relação ao acordão, ou seja, embora fosse exercido o duplo grau de jurisdição em relação ao Ministério Público ao poder rediscutir os fatos da sentença absolutória, o sistema não foi capaz de prever nenhuma opção de rediscussão da matéria do acordão que considerou a responsabilidade do Sr. Mohamed pelo crime de homicídio culposo no trânsito.

Primeiramente, importa dizer que a Argentina é signatária do pacto de San José da Costa Rica razão pela qual a corte possui competência para julgamento.

A corte deu interpretação ao Art. 8.2.h no sentido de que não consiste em um direito de dupla instância, mas sim um direito de ter contra um recurso contra uma decisão condenatória que possa analisar não somente o direito mas também as questões de fato, segundo o entendimento da corte, o direito de recorrer não trata-se da possibilidade de um órgão hierárquico possa prover parecer sobre uma decisão mas para que seja possível em caso de uma condenação ter o direito de revisão sobre a decisão seja ela colegiada ou singular uma vez que possível existir qualquer tipo de erro sobre a decisão condenatória.

Como consequência a corte impôs a restauração da carteira de motorista ao Sr. Mohamed e fez cessar qualquer efeito da condenação até que a República da Argentina seja capaz de prover recurso ordinário capaz de sanar o descumprimento do tratado internacional. Ainda condenou o país ao pagamento de danos materiais e morais equivalentes a cinquenta mil dólares.

Tal caso se tornou famoso não só dentro da Argentina como em diversos países pelo mundo, ao analisar a composição jurídica do país vizinho com a do nosso ordenamento percebe-se que embora ambos adotem a presunção de inocência e considerem que o duplo grau de jurisdição apenas alcança as instâncias ordinárias, ambos concluem pela possibilidade da prisão após segundo grau de jurisdição, mesmo que nos dois ordenamentos existam hipóteses para aplicação de recursos extraordinários sem efeitos suspensivo e com limitação a análise de matéria de direito, no entanto, o caso Mohamed x Argentina foi capaz de rediscutir essa ideia.

Os reflexos do precedente aberto na corte são capazes de inferir que o cumprimento antecipado da pena no Brasil, ao menos, em situações em que o Réu é absolvido em primeiro grau e após recurso do Ministério Público tenha a condenação em segundo grau implicaria no cumprimento antecipado de pena sem que observados o duplo grau de jurisdição e o direito do Réu de recorrer, ao menos nessa situação, teríamos no cumprimento de sentença uma forma arbitrária de prisão baseada em uma posição absoluta do tribunal sem conceder o direito de revisão dos fatos e sem permitir que se aguarde o trânsito em julgado da demanda.

8.3 Estados Unidos e Inglaterra

Os países propulsores da língua inglesa pelo mundo adotaram dentro do direito penal o acordo como melhor meio de lidar com o direito penal, na América do Norte, embora cada estado tenha sua autonomia, tem-se com regra altas penas além das temidas pena de morte e de prisão perpétua, a acusação criminal, por outro lado, pode quase que sem restrições estabelecer acordos com os Réus que mesmo muitas vezes inocentes tendem a aceitar face a discrepância entre as penas, é possível por exemplo que ao celebrar um acordo um detento possa reduzir sua pena de morte para perpétua ou de 20 para 5 anos de prisão, a incerteza sobre o julgamento garantem isso, segundo dados dispostos pelo professor Auke Willems da universidade de Londres ao site de notícias BBC[66] acordos na terra da rainha tem a redução de cerca de 30% da pena.

Percebe-se pois que embora realmente os Estados Unidos e a Inglaterra não exijam o transito em julgado para cumprimento da pena, isso está fundando não necessariamente na eficácia da jurisdição penal, mas sim, como outro meio de coerção processual para que o acusado tenha maior disposição em realizar acordos, não podendo comparar tais sistema penais ao nosso ordenamento.

---

[66] Disponível em https://www.bbc.com/portuguese/brasil-43480154 10/11/2019 às 22:31.

9 Conclusão

O tema central do trabalho vem dividindo opiniões, mas mais do que isso, é amplamente divulgado na comunicação em massa, porém, a divulgação independente da posição defendida é no sentido de que seria um absurdo pensar de forma diversa, e que a Constituição principalmente não deixa dúvidas sobre o tema. Ocorre que ao analisar o conteúdo pesquisado se torna nítida a existências de argumentos a favor e contra o cumprimento antecipado, ainda, observa-se que a própria jurisprudência tem se divergido no decorrer dos anos, logo, a primeira conclusão que possa retirar-se é que acima de qualquer ponto tanto a interpretação contrária como a favorável são juridicamente aceitas, inclusive dividindo o posicionamento do Supremo nos últimos anos.

No segundo ponto em uma análise infraconstitucional tem-se que o código de processo penal[67] é expresso ao sinalizar como condição do cumprimento definitivo da pena o transito em julgado vetando a possibilidade da antecipação, porém, o código é omisso em relação aos recursos especiais e extraordinários, os quais incidem o novo código de processo civil[68] que é também é expresso no sentido de que tais recursos não são dotados de efeito suspensivo, no mesmo rumo, a jurisprudência pacificada inclusive com a súmula 7[69] do STF define que o acesso aos tribunais superiores só podem ser realizados para discutir questões de direito, desprezando-se os fatos.

Vez que a compatibilização entre os artigos do se faz necessário utilizar-se dos critérios apontados para verificar a prevalência de algum, nesse sentido, o *All or nothing* de Dworkin é o meio adequado, conforme demonstrado o primeiro critério a observa-se é o da hierarquia, nesse sentido ambos os códigos processuais são leis ordinárias[70], mesmo que uma delas fosse complementar tem-se o entendimento de que não existe hierarquia entre as leis apenas mudança do quórum de aprovação, logo, podemos dizer que existe um "empate" nesse critério. Em relação ao critério de especialidade, o código de processo penal é omisso acerca dos recursos extraordinários

---

[67] Art. 283. Ninguém poderá ser preso senão em flagrante delito ou por ordem escrita e fundamentada da autoridade judiciária competente, em decorrência de sentença condenatória transitada em julgado ou, no curso da investigação ou do processo, em virtude de prisão temporária ou prisão preventiva.

[68] Art. 1.029 - O recurso extraordinário e o recurso especial, nos casos previstos na Constituição Federal, serão interpostos perante o presidente ou o vice-presidente do tribunal recorrido, em petições distintas que conterão: § 5° O pedido de concessão de efeito suspensivo a recurso extraordinário ou a recurso especial poderá ser formulado por requerimento dirigido:

[69] A pretensão de simples reexame de prova não enseja recurso especial

[70] O código de processo penal foi criado por decreto presidencial em 1941, porém, foi recepcionado pela Constituição Federal de 1988 como lei ordinária.

ao passo que legisla conteúdo penal, o código de processo civil por sua vez é omisso a matérias penais, porém trás os recursos extraordinários, ao utilizar-se da teoria do diálogo das fontes, tem-se a aplicação do CPC em todo omissão do CPP, tendo um caráter subsidiário, de outro lado, ao aplicar-se o "tudo ou nada" de Dworkin é difícil criar um modelo especial, isso porque ambos são normas processuais que trabalham aspectos específicos diversos, a especialidade em relação aos recursos dos tribunais superiores (CPC) e a especialidade da matéria penal (CPP), logo, não teria como considerar que determinado artigo se sobressaísse a outro. O último critério possível seria o temporal, nesse sentido, o Art. 1.029 do CPC foi editado com a entrada do código em vigor, sendo de 2015 ao passo que o Art. 283 do CPP foi editado com alteração legislativa dada pela lei 12.403 de 2011, sendo que no ultimo critério, prevaleceria o a falta do efeito suspensivo nos recursos ao STF e STJ.

A prevalência do ausência de efeitos suspensivos no entanto não é o bastante para permitir o cumprimento em segundo grau, vistos embora não exista o efeito suspensivo tal conclusão varia inclusive da possibilidade de a parte requerer tal efeito em sua petição, pensando nesse lado não poderia descartar a ideia de que tratando-se recursos interpostos sobre matéria penal o efeito suspensivo prescinde de petição sendo automático, a validade dessa possibilidade estaria no ato de que o princípio vinculado a regra do Art. 283 CPP seria um princípio constitucional e por tal prevaleceria sobre norma infraconstitucional.

Logo, vê-se necessária a análise do Art. 283 CPP com os preceitos constitucionais, e aí envolve-se os debates dos Ministros do Supremo Tribunal Federal. Primeiro ponto importa que a Constituição distingue em dois incisos diferente o que seria requisito para a prisão (art. 5° inciso LXI) e o que seria requisito para a afirmação de culpa (Art. 5° inciso LVII), sendo que o esse requer o transito em julgado enquanto aquele define como requisito da prisão a ordem escrita e fundamentada da autoridade competente e nos casos expresso de exceção. A leitura apressada desses institutos pode levar a definir que o constituinte não colocou como requisito para a prisão o transito em julgado, ocorre que, tal afirmação significaria dizer que a constituição autoriza a prisão em definitivo daquele que não é culpado, logo, admite-se a prisão de um inocente em definitivo, mesmo na pendência de recursos.

Logo, nos vemos diante de outro conflito de normas, porém, dessa vez, normas-princípios, o que conforme vimos por Alexey não permite a retirada de um em detrimento doutro, mas sim, é necessário ao interprete ponderar sobre as normas afim de que se estabeleça a incidência de ambos mesmo que com aplicabilidade mitigada.

Dentro desse conflito que deve-se levar em consideração os outros princípios e temas correlatos a matéria que foram debatidos previamente, primeiramente, temos que analisar o princípio do duplo grau de jurisdição, tal norma é fundamentado do direito da pessoa recorrer, ocorre que como debatido anteriormente não trata-se de simplesmente impor recurso, no caso Mohamed x Argentina, a Corte Interamericana de Direitos Humanos definiu que trata-se na verdade do direito do Réu poder combater sentença condenatória, independentemente do grau em que for proferida, e tal poder de combate não restringe-se a análise do direito mas também fática, sendo assim, ao contrário senso da doutrina atual brasileira, o foro privilegiado não seria exceção a esse princípio, bem como, os absolvidos em primeiro grau que vieram a ser condenados em segundo grau de jurisdição também tem o direito mitigado, de outro lado, em que pese a falha do sistema nesses casos, a análise fática pelos tribunais superiores implicaria em criar no nível intermediário tribunais de transição e sem qualquer valor prático, sendo que sua competência apenas versaria em rever decisões processuais, já que o acordão proferido em segundo grau de jurisdição não seria capaz de ter aplicabilidade contra a sentença, vez que todo o exame seria refeito nos tribunais superiores que passariam a afirmar ou reformar a decisão do primeiro grau.

Em que pese também o posicionamento da Corte interamericana no caso Mohamed x Argentina, a própria República da Argentina entende como duplo grau apenas a decisão de segundo grau, além disso, a doutrina pátria entende como exceção ao princípio o foro privilegiado, o que se torna possível, já que nenhum princípio dentro do ordenamento seria absoluto[71], logo o requisito da prisão seria o debate nos graus ordinários sendo que embora não considerado tecnicamente culpado o Réu condenado em acordão de 2 grau com a pendência apenas de recurso extraordinário e especial seria incontestavelmente Autor de fato do Crime que realmente existiu, já que não haveria mais a discussão de materialidade e autoria, embora possível a definição de exclusões de

---

[71] Tal afirmação se baseia em que a Dignidade da Pessoa Humana, embora absoluta, não seria um princípio, mas um fundamento da República, ao passo que alguns doutrinadores entendem que o direito de não ser escravizado ou torturado também seria absoluto.

tipicidade e culpabilidade do agente o que em tese, por uma ficção jurídica[72], poderia modificar a autoridade e materialidade do delito.

No entanto, apesar dessa definição, ainda teria que se responder a questão se a culpabilidade é requisito da prisão, porque independentemente da ausência da autoria e materialidade pelo agente não ter sido responsável ou não ter existido um crime ou por fato de uma excludente penal retirar a autoria ou a materialidade, de igual forma a culpabilidade é definida apenas com o trânsito em julgado, já que não existiria possibilidade de interpretação diversa do inciso LVII do Art. 5º da CF.

Logo, ficamos diante da interpretação jurídica relevante a responder de uma vez por todas o tema, que seria se a nossa ordem constitucional é capaz de autorizar a prisão em definitivo antes da definição de culpa, nesse ponto não existe qualquer critério na Constituição de que a culpabilidade é necessária para a prisão, em grau infraconstitucional, salvo o previsto no Art. 283 CPP apresenta-se como requisito apenas a ordem pública, tributária ou do interesse do processo, porém tais requisitos são para a prisão preventiva a qual tendo em vista o devido processo legal não pode perdurar as décadas que alguns julgamentos levam como demonstrou Luiz Roberto Barroso em seu voto.

Nesse aspecto percebemos que a Argentina inspirada por Franz Von Liszt trás que a interpretação do direito penal deve ser feita de forma a privilegiar a sociedade, de igual forma, com base na teoria da moldura de Kelsen sendo possível ambas a interpretação sobre o cumprimento antecipado da pena é necessário que se verifique qual tese tem melhor impacto social, se de um lado nosso ordenamento é inspirado na ideia de que melhor não condenarmos um culpado do que prendermos um inocente, de outro lado o Brasil de uma maneira geral se insurgiu contra a corrupção existente no país, e aqui não se fala de pensamento políticos partidários, mas de maneira geral sobre o mal uso e o desvio do dinheiro público.

O manejo de recursos sobre recursos não só é utilizado pelos advogados como forma de defesa, mas trata-se do dever funcional de garantir o melhor interesse do seu cliente, nesse aspecto devemos expressar a discordância de que apenas os clientes mais ricos são capazes de protelar o processo por anos, já que em regra, é dever de todo

---

[72] Ficção jurídica porque embora possa reconhecer uma excludente, a natureza do fato ocorreu, apenas, houve um fator objetivo ou subjetivo que retirou a culpabilidade ou a tipicidade.

advogado, e ainda que não fosse, tratando de possibilidades jurídicas legitimas não poderia ser contestada, sendo que, se o sistema não tem a capacidade de lidar com os inúmeros recursos, tal fato significa que cabe ao estado prover maiores recursos para lidar com tal situação.

É de conhecimento comum que o judiciário hoje está saturado, não diferente, o sistema prisional não possui a capacidade para os inúmeros presos, e em uma sociedade garantista como a nossa, não se pode admitir a prisão sem fundamento ou frágil, porém, observa-se que na realidade tal saturamento não se pressupõem sobre a prisão definitiva, isso porque, em que pese a discussão entre o momento do cumprimento antecipado da pena, a regra é que em algum momento irá existir, diferente o caso de prisões preventiva, e ainda, conforme exposto, por mais que a prisão antecipada de réu posteriormente considerado inocente determine a indenização por parte do acusado, o mesmo não se pode falar da prisão preventiva, que uma vez que posteriormente considerado inocente, não faria jus a qualquer tipo de indenização, o que em outras palavras, significa dizer que a prisão preventiva é um mal sem compensação, enquanto de outro modo, o cumprimento antecipado é passível de indenização, sendo assim, é logico concluir que o ato de prender preventivamente alguém posteriormente absolvida é muito mais grave do que o cumprimento antecipado da pena para aquele condenado em segundo grau e absolvido nos tribunais superiores, inclusive, a periodicidade da prisão preventiva é extremamente maior.

Ainda que exista a possibilidade de reforma, a decisão em segundo grau define efetivamente os fatos que norteiam o crime, sendo que de outra forma, o sistema condena pequenos crimes a prescrição e grandes crimes que por consequência geram impactos sociais, a vítima e aos familiares um lapso enorme sem que tenha-se a resposta efetiva do Estado, por mais que a decisão judicial não é e nem deva ser social e política, indo de acordo com a vontade popular, muito pelo contrário, por muitas vezes a interpretação da norma leva a conclusões contrárias, o interprete da norma não pode se abster do mundo real, analisando apenas efeitos legais e não ponderando os efeitos práticos da interpretação, nesse sentido, a possibilidade do cumprimento antecipado da pena após acordão do segundo grau, mesmo que antes da definição de culpa do Réu, ainda assim, se mostra mais adequada por promover a efetividade da jurisdição penal e por consequência fundamentar a própria existência do Estado, a concessão exclusiva do direito penal ao Estado Acusador por meio do Ministério Público e o julgamento pelo sistema judiciário é condicionada a eles proverem a resposta aos ataque dos bens jurídicos tutelados pelo direito penal, sendo que a promoção inefetiva da jurisdição não é capaz de atingir o objetivo da existência do direito.

11. Referências.

Alexy, Robert. Teoria dos Direitos Fundamentais, tradução por Da Silva, Virgílio Afonso. São Paulo: Acqua Estúdio Gráfico Ltda, 2008.

Ashton, Peter Walter. As principais teorias do direito penal, seus proponentes e seu desenvolvimento na Alemanha. Rio Grande do Sul, Revista da Faculdade de Direito da UFRGS, v. 12, p. 237-246, 1996.

ÁVILA, Humberto. Teoria dos Princípios. Da definição à aplicação dos princípios jurídicos. 4 ed. São Paulo: Malheiros, 2005.

CALLEJÓN, Francisco Balaguer. *Derecho Constitucional.* Madrid: Tecnos, 1999.

DIDIER JR., Fredie. Apontamentos para a concretização do princípio da eficiência do processo. Novas tendências do processo civil. Salvador: Editora Podium, 2013.

FACHIN, Zulmar. Curso de Direito Constitucional.5ª edição. Rio de Janeiro: Editora Forense, 2012.

Giacomolli, Nereu Jose.; Aflen da Silva, Pablo Rodrigo. Panorama do Princípio da Legalidade no direito penal Alemão vigente. São Paulo, Revista de direito GV, volume 06, número 02, 2010.

http://www.corteidh.or.cr/docs/casos/articulos/seriec_255_esp.pdf acesso em 10/11/2019 às 21:20.

https://lfg.jusbrasil.com.br/noticias/99424/no-brasil-existem-quatro-graus-de-jurisdicao-diz-ministro-do-stj acesso 29/10/2019 às 16:11

https://www.bbc.com/portuguese/brasil-43480154 10/11/2019 às 22:31.

https://www.conjur.com.br/2009-fev-05/prisao-feita-processo-transitado-julgado-stf

https://www.conjur.com.br/dl/leia-voto-ministro-barroso-execucao.pdf 28 de outubro de 2019.

https://www.migalhas.com.br/Quentes/17,MI234107,51045-JULGAMENTO+HISTORICO+STF+muda+jurisprudencia+e+permite+prisao+a

https://www.migalhas.com.br/Quentes/17,MI246876,11049-STF+mantem+posicionamento+para+permitir+prisao+apos+condenacao+em+2

https://www.migalhas.com.br/Quentes/17,MI248566,61044-STF+confirma+prisao+apos+2+instancia+em+processo+com+repercussao+geral

https://www.migalhas.com.br/Quentes/17,MI277762,51045-STF+nega+pedido+de+Lula+para+evitar+prisao

JEAN-JAQUE, Rousseau. Do Contrato Social, tradução por DA SILVA, Rolando Roque. Edição eletrônica: Fonte Digital, 2001

Julio Fabbrini Mirabete, Código de Processo Penal – Interpretado, 8ª edição, Atlas, São Paulo, 2001.

Kelsen, Hans. Teoria Pura do direito, tradução por Machado, João Batista. São Paulo: Livraria Martins Fontes Editora Ltda, 1999

Lima, Renato Brasileiro de. Manual de Processo Penal. 4ª edição. Salvador: Editora Jus Podivm, 2016.

Lopes Junior, Aury. Direito Processual Penal. 13ª edição. São Paulo: Saraiva, 2016.

Lopes Junior, Aury. fundamentos do processo penal, introdução crítica. 3ª edição. São Paulo: Saraiva, 2017.

Lopes Junior, Aury. Fundamentos Do Processo Penal, Introdução Crítica. 3ª edição. São Paulo: Saraiva, 2017.

Nucci, Guilherme de Souza. Manual de Processo Penal e Execução Penal, 12ª edição. Rio de Janeiro. Editora Forense, 2015.

Pacelli, Eugênio. Curso de Direito Processual Penal, 22ª edição. São Paulo. Atlatas, 2018.
Vasconcellos, Vinicius Gomes de; Moller, Uriel. Acordos no processo penal alemão: descrição do avanço da barganha da informalidade e à regulamentação normativa. UNAM, instituto de investigações jurídicas, *Boletín Mexicano de Derecho Compardo,* núm. 147, paginas 15-33, 2016.

www.ingramcontent.com/pod-product-compliance
Ingram Content Group UK Ltd.
Pitfield, Milton Keynes, MK11 3LW, UK
UKHW061817190726
13853UKWH00007B/2205

9 786526 607466